わたし、恋人が2人います。

複数愛《ポリアモリー》という生き方

きのコ

WAVE出版

ポリアモリーとは？

複数の人と同時にそれぞれが合意のうえで
性愛関係を築くライフスタイルのこと

はじめに――わたし、恋人が2人います。

はじめまして、きのコです。

九州で生まれ育って、就職で関東に出てきて、社会人9年目になります。趣味はカラオケと、いろんなスポーツ。

職場は私服で、Tシャツやパーカーにジーンズ、スニーカーなど、カジュアルな服装をしていることが多いです。

好きな食べ物はラーメン、やっぱり豚骨ラーメンがふるさとの味って思えて、好きです。


と、ここまで読んで、みなさんはどんな人間を想像したでしょうか。

たぶん、「どこにでもいる、普通の人」を思い浮かべたんじゃないかな……と思います。

自分でも、自分はどこにでもいる、普通の人だと思ってます。

ただ1点だけ、「2人の恋人と、オープンに付き合っている」ということをのぞいて。

あらためまして、わたしには恋人が2人います。

彼らも、「どこにでもいる、普通の人」です。

そしてそれぞれ、わたしに恋人が複数いることを知ったうえで、わたしと付き合っています。

複数愛、それって、浮気？

浮気の定義にもよるかもしれませんが、わたしはみなさんが想像する「浮気」とは、かなり違ったお付き合いをしてると思っています。

たとえば、とある1日はこんな感じ。

恋人のひとりAさんとは、一緒に暮らしています。2人で朝ごはんを食べて、出勤の早いわたしが先に家を出ます。

「行ってきます」「行ってらっしゃい」のキスは毎朝欠かしません。

通勤の電車のなかで、もうひとりの恋人Bさんにいつものように「おはよう」のメッセージを送ります。

仕事の休憩時間にもメッセージでとりとめのない話をすることが多いのですが、この日は仕事が終わったらシガーバーに行こうという話になりました。

Aさんは煙草や葉巻を吸わないので、シガーバーならBさんと一緒に行くほうが盛り上がったりします。

デートの予定が決まって、テンションが上がってお仕事もはかどります。ニヤけそうになるのをおさえつつAさんに「今夜、Bさんとデートしてくるね！」とメッセージを送ります。Aさんからはすぐに「行ってらっしゃい、楽しんでね！」と返信がありました。

念のため、Aさんと共有しているGoogleカレンダーにも、Bさんとのデートの予定を書き込みます。デートの予定はすべて共有してあるので、帰りが遅いときもカレンダーを見てもらえば「あ、今日はBさんとデートで遅くなるんだな」と安心してもらえるので、便利です。

じれったい気持ちで定時を待って、会社を飛び出します。

恋人たちと何度デートを重ねても、待ち合わせで相手の姿を見つけたときの、しっぽがあったら振り回したくなるようなはじける気持ちは、変わらないものです。

落ち着いた雰囲気のシガーバーで、ウイスキーをなめてゆっくり葉巻を楽しみます。うまく火がつけられなくておたおたするわたしと、くすくす笑うBさん。

話題はお酒のことだったり、葉巻のことだったり、はたまたAさんのことだったり。

楽しい時間はあっという間で、終電も間際。週末ならお泊まりデートもできるのですが、明日は仕事があるので今夜は家に帰ります。

お店を出て手をつないで駅への道を歩く、この時間がとても好きです。うれしくてBさんを見上げるたびに、Bさんも笑顔を返してくれます。

駅の改札でぎゅっとハグして、それぞれの家路につきます。

帰宅すると、Aさんはくつろいでゲームをしているところでした。

2人でお風呂に入りながら、今日のBさんとのデートがすごく楽しかった話をします。デレデレにのろけるわたしと、ニコニコしながら聞いているAさん。

お風呂からあがって、今日も「おやすみ」のキスをしてから、ひとつのベッドで眠りにつきました。

……いかがでしたか？

Aさんと暮らしながらBさんともデートして、2人の恋人とオープンに付き合っているわたしの1日、ここまで読んで目を白黒させている方も多いのではないかと思います。

「どうして2人と付き合ってるの？」

「嫉妬されたりしないの？」

「どうやってこんな関係になったの？」

などなど、いろんな疑問が渦巻いているかもしれません。

そんな疑問に少しずつお答えしながら、2人の恋人たちと付き合うなかで笑ったり泣いたりするわたしの日常を、のんびりお伝えしていけたらいいなと思っています。

わたし、恋人が2人います。――もくじ

第1章

好きな人をひとりに決められない

第3章 誰もが傷つかないために

第4章 ポリアモリーについてみんなが知りたいこと

第5章 ポリアモリーカップル考

ポリアモリーは普通の人にアプローチしてはダメ？

編集協力　榎本紗智(ピースオブケイク)
装丁　松田行正＋梶原結実
校正　鷗来堂
DTP　NOAH

第1章

好きな人をひとりに決められない

どうして2人の恋人と付き合っているの？

だって、2人とも好きだから

Bさんとの出会いは、とあるライブバーの貸切イベントでした。気さくで人なつこい人だなという印象をもったことを覚えています。イベントで彼と意気投合したわたしは、その後2人きりでも会うようになり、ある日彼から「付き合ってください」と言われます。「自分が一方的に何か要求するとかじゃなくて、きのコさんが気になるし興味がある。考えていることをたくさん教えてほしい」とも。

そしてこのとき、わたしにはすでにAさんという恋人と一緒に暮らしていましたし、Bさんもわたしと知り合った当初から、そのことを知っていました。

ここで、みなさんの思い描くようなかたちの恋愛なら、わたしはAさんと付き合っていることを理由にBさんの告白を断るか、あるいはAさんと別れてBさんと付き合うことを選ぶか、二つにひとつだと思います。

実際には、わたしはBさんに「うれしい！　これからよろしくね」と返事をし、2人は晴れてお付き合いすることに。その日は一緒にお昼ごはんを食べて、カフェでしゃべって、カラオケで歌って、ちょっとお互い照れはあったけど、なりたてほやほやのカップルとして、楽しい時間を過ごしました。

そして、その日帰ってからわたしはAさんに「新しい恋人ができたよ！　Bさんっていうの、今度紹介するね」と嬉々として報告。

Aさんは「おー、そうなんだ！　おめでとう！」と祝福してくれました。恋人に新しい恋の話をするのは、いつもちょっと不安だしドキドキするし、なによりこっぱずかしいものなのですが、Aさんは楽しそうに聞いてくれるので、わたしもついつい話したくなるのです。

ちなみに、不安というのは、「Aさんは、わたしが好きなこの人のことをどう思うかしら」、あるいは「この人が好きなわたしのことをどう思うかしら」というような気持ちです。たとえていうなら、自分の親に好きな人を紹介するときのような感覚。もちろん、「そんな人とは付き合わないでほしい」、または「その人と付き合うなら僕とは別れよう」と言われる可能性も、ゼロとは言いきれません。Aさんはいまでこそわたしの話を何でも聞いてくれますが、過去には強い嫉妬心を見せたり、別れ話など深刻なやり取りになったことも何度もありました。

このようなかたちで、わたしはAさん、Bさんの2人とお付き合いを始めました。こういう「複数の人と、全員の合意のもとでオープンにお付き合いをする」というライフスタイルを「ポリアモリー」といいます。

どうして同時に好きになれるの?

わたしは、自分が複数の人を同時に好きになる人間であることを数年前から周囲にカミングアウトし、それ以降のお付き合いはすべて、「複数の人を好きになったり、複数の人とお付き合いしたりするかもしれないわたし」をオープンにして合意を得ることを前提としてきました。

恋人が常に複数いるわけではありませんし、複数いることを望んでいるわけでもありませんが、誰かを好きになったら（その後その人と付き合うことになるかどうかは別にして）、そのことをそのとき付き合っている恋人には隠さないようにしています。

ここまで読んできたところで、あらためて「どうして2人と付き合ってるの？」「Aさんだけじゃダメなの？」といった疑問でいっぱいになっている方もいるかもしれません。実際に、複数の人と恋人として付き合っている話をすると、よく質問をされます。

そんなときのわたしの答えは、「だってAさんとBさん、2人とも好きだから」という、いたってシンプルなもの。「Aさんが本命で、Bさんが遊び」といった順位づけがあるわけではなく、2人とも好きだし、その「好き」には測って比較できるような「強さ」や「量」はないのです。それは、子どもを複数人もつ人が「どの子がいちばん好き？」ときかれて選べないのと同じような感覚かもしれません。

なぜ自分が複数の人を好きになるのかは、わたしにもわかりません。わかるのは、初恋をした小学生のときからそういうことが多かったということだけです。逆に「どうしてひとりしか好きじゃないの？」ときかれて答えられる人も、あまりいないのではないかなと思います。

恋人にポリアモリーと伝えて大丈夫？

ポリアモリーをよくわかっていなかった彼

Aさんとのお付き合いを始めたのは、4年ほど前。わたしがポリアモリーであるということは、付き合い始める前にあらかじめ伝えていました。

とはいえ、ポリアモリーであることをカミングアウトするのはわたしも初めてでしたし、彼もわたしと付き合うまではポリアモリーという言葉を知らなかったそうです。インターネットで検索しても当時はいまほど情報も豊富でなく、Wikipediaに「ポリアモリー」の項目はあったものの、文章も難しいしよく意味がわからなかったと彼は言います。

どうなるかわからないながらに始まったお付き合いでしたが、最初はわたしが関東在住、彼が九州在住という遠距離恋愛だったので、会えるのはがんばっても月に一度、数日間くらいでした。

彼は、当時勤めていた会社の新しい拠点の立ち上げメンバーとして転勤したばかりで、社内にも引越先の近くにも知り合いはおらず、しかも買い物や遊びに行くのも一苦労といった田舎で、車もなく家と会社だけを徒歩で往復するような生活を送っていました。そして毎日、家にいて時間のあるときにビデオ通話でわたしと話すこと以外、あまり他にすることもない日々だったようです。

一方のわたしはといえば、「初めてポリアモリーであることをオープンにした恋人ができた！　他の好きな人たちとも、デートしていいんだ！」とはしゃいで、親しい仲間たちと遊びに出かけたりデートしたりする毎日。いきなり新しい恋人を増やすということこそなかったものの、好意をもって会う相手は2、3人いたと記憶しています。

言い争いの絶えない日々

いくらわたしが彼に、自分がポリアモリーで「他の人を好きになる可能性もある」ということを伝えてあるとはいえ、わたしと話す以外にすることがない彼にとっては、わたしが他の人と遊んだりデートしたりして通話ができない時間は耐えがたかったようです。

最初はわたしが他の人とデートすることに何も言わなかった彼ですが、次第に、不機嫌さもあらわに「早く帰ってきて」「泊まりで遊びに行かないで」と言うようになりました。

「明日は○○さんとお泊まりデートしてくるね」

「……明日は僕の帰りが早いから、通話したい。きのコさんも泊まらずに帰ってきて」

「ごめん、明日しか○○さんの都合が合わないから……」

「なんで○○さんともデートするの？　僕のこと好きじゃないの？」

「Aくんのことは好きだよ。でも、○○さんや××さんのことも好きだし、彼らとも一緒に過ごしたいの」

といった調子で、次第に言い争いが増えていきました。多いときには、毎週のようにケンカしていたでしょうか。

彼が変わっていくきっかけになったある言葉

そんな、モノガミー（お付き合いは一対一でするものという考え方にもとづいたライフスタイル）の彼が変わっていくきっかけになったのは、わたしの「Aくんは、わたしに依存してる」というひとことだったそうです。

ある日、わたしは彼に、

「わたしは、Aくんと他の人のどちらのほうが好きというような優劣はつけられない。Aくんと話す時間ももちろん大事だけど、他の人と過ごす時間も、ひとりきりで過ごす時間も、大切にしたいと思ってる。わたしの時間をどんなことに使うかを決めるときには、もちろんAくんの気持ちを無視するつもりはないけど、まずは最初に自分で考えたい。わたしはAくんのことを愛しているけど、『空いた時間をすべてAくんに使う』というようなかたちでAくんに依存はしたくないし、Aくんからも依存されたくないと思ってるの」

というふうに自分の考えを説明しました。

もちろん話しながら気持ちの高ぶりはあったけれど、わがままに自分の感情をぶつけるのではなく、それでいて自分の気持ちに正直に、でももしこの考え方をどうしても受け入れてもらえなければ、別れる結果になってもしかたない……というような覚悟はしていたのを覚えています。

彼は、それまで「きのコさんはぜんぜん僕に時間を使ってくれない」と恨みがましく感じていたのが、わたしの「依存してる」の言葉でハッとして、「そうだ、きのコさんだけに依存していてはいけない。自分も何か、他に夢中になれることを探してみよう」と思ったと言います。

それからの彼は、わたしと通話するばかりでなく、自宅でカレー会を開いて会社の人たちを呼んだり、自転車で少し遠くのカフェへ出かけたり、ひとりで自宅にいるときでもゲームをしたり映画を観たり、休日にいろいろな過ごし方をするようになりました。

また彼はSNSを通じて、わたし以外のポリアモリーの人たちと知り合い、その人たちに「恋人がポリアモリーであることについて悩んでいる」という相談をしたりするなかで、少しずつポリアモリーに対する理解を深めていったのです。

もちろん、何もかも一直線によい方向へ向かっていったわけではなく、三歩進んでは二歩戻るように、昨日は落ち着いていたけれど今日はまたケンカしてしまったりという日々。

朝まで通話しながら泣いたことも、一度や二度ではありません。

それでも、「言いたいことは、ネガティブなことであっても我慢せずに言う」「話し合うことをあきらめない」という姿勢がお互いにあったからこそ、毎週のようにケンカしながらも一つひとつわかり合い、信頼を積み重ねていくことができたのだと思います。

そうこうするうちにお付き合いを始めて1年が経ち、彼がついに関東で転職先を見つけて、上京して一緒に暮らせることになりました。

ところが、一緒に暮らし始めてすべてがうまくいくようになったかというと、そういうわけではなかったのです。

ポリアモリーは同棲できるの？

同居の条件

九州と関東で、遠距離恋愛でお付き合いを始めたわたしたち。

付き合い始めた当初から、Aさんは「東京に出たい。きのコさんと一緒に暮らしたい」と言っていました。

でも、正直わたしは、同棲にはちょっと抵抗をもっていました。

「せっかくポリアモリーであることが受け入れられて、オープンに他の人たちともデートしたり、幸せな毎日が始まったのに、一緒に暮らし始めたら他の人たちと会いづらくならないかしら。Aさんから、遊びに行くことを禁じられたり、束縛されたりしないかなぁ。

そもそも、同棲するなら、彼の仕事やお金の面がきちんとしていないといけないな……」

そう思ったわたしは、一緒に住むにあたって、彼に条件を出しました。

「もし、本当に一緒に暮らしたいなら、こちらでの転職先を見つけてから来て。ただし、正社員じゃないとダメ。こちらに来るまでの期限は1年。間に合わなかったら、関東に来るのはもちろん自由だけど、同棲はしないということにしたいの」

いま思えば、関東には旅行でしか訪れたことがなく、転職につながる人脈もコネもない、そもそも転職活動をするのも初めてという彼に対して、厳しい条件だったかもしれません。

それからは、彼と一緒に転職サイトに登録して仕事を探したり、履歴書を添削したり、ビデオ通話で面接の練習相手になったりと、転職活動を応援する毎日が始まりました。

彼は九州で働きつつ、多いときは毎月のように休日を使って関東に来て、転職のための面接を受ける日々。

金銭的にも時間的にも、大変な苦労だったと思います。

結局、彼が転職先を見つけてわたしの家に引っ越してきたのは、お付き合いを始めてからあと数日で1年という、まさにギリギリのタイミングでした。

1年という期限を頑として譲らなかったわたしのために、本当にがんばってくれたAさん。

「この人なら信頼できる。2人暮らしも、きっとうまくいく……!」

そんな期待に胸が熱くなりました。

そして、いよいよ始まった2人暮らし。

一緒に起きて、一緒に朝ごはんを食べて、お互いの会社に出勤。夜は2人でカレーをつくったり、お酒を飲みながらDVDを観たり。楽しい日々でしたが、一方でわたしは、少しずつ息苦しさを感じるようになっていました。

遊びまわることができないストレス

合意のうえで始めた同棲生活とはいえ、自由気ままなひとり暮らしが突然終わりを迎えてしまったことは事実。彼と過ごすのも楽しいけれど、ときには自分だけの時間もほしいし、他の人たちとのデートもしたい、友だちとも遊びたい。デートのあと「泊まりに来る?」と気軽に誘えなくなったことにもストレスがつのっていきました。

ときおり他の人とデートに出かけて、ハッピーなほろ酔い気分で家に帰ると、Aさんは不機嫌な顔をして待っていて、「帰りが遅い」と文句を言われてケンカになることも。

このころの彼にはまだ「一緒に暮らせばきのコさんは自分のものになるし、他の人と付き合うこともなくなるだろう」という気持ちがあったと言います。

わたしは、Aさんのことは愛しているけれど、嫉妬や依存を向けられたり、自分の自由が制限されることはやはり苦しかったのです。

わたしが好意を寄せてよくデートを重ねていた知り合いのひとりから、「同棲が1カ月続かないほうにディナーを賭ける」と笑えない冗談を言われたのもこのころ。わたしと同じく複数の人を同時に好きになるこの彼もたまたま当時の彼女と同棲を始めたばかりで、そちらの関係は奇しくも1カ月で破綻してしまったのだから、いま思えば皮肉なものです。

「こんな窮屈な生活、いつまで続くのだろう。やっぱり、ポリアモリーのわたしにはひとりだけと同棲って向いてないのかなぁ……」

2人暮らしを始めて数週間後には、わたしはまるでマリッジブルーのように、憂鬱な溜息ばかりつくようになっていました。

一緒に出かけたら、彼が変化してきた

いまから思えば、彼は関東に来たばかりでわたし以外に知り合いもなく、九州にいたころと同じように「わたしと過ごす以外に何もすることがない」状態にまたおちいりかけていたのです。

そんな息の詰まる暮らしを少しずつ落ち着かせていくきっかけをつくってくれたのが、SNS上での彼とわたしの共通の知人たちでした。

ネット上でポリアモリーであることをカミングアウトしていたわたしにはポリアモリーの当事者やアライ（理解者）の知り合いも多く、彼らはわたしの考え方や気持ちをある程度理解してくれていました。彼はそんな「きのコ以外のポリアモリー当事者やアライ」の人々と話したり、ポリアモリーであるわたしと付き合ううえでの悩みを相談したりしていくなかで、次第に、自分のなかにある嫉妬心や独占欲と向き合ったり、「恋愛ってこうあるべき」という価値観が唯一絶対の正しいものではないと考えるようになっていったといいます。

やがて、デートにイベントにとひっきりなしに出かけて飛び回っているわたしに、彼もときおりついてくるようになりました。たとえば友人の住むシェアハウスでのカレーパーティーだったり、小さなお店を貸し切っての誕生日会だったり、LGBTフレンドリーなカフェでのオフ会だったり。

こういった場でポリアモリーだけでなくさまざまなセクシャリティをもつ人々と出会い、徐々に知り合いが増えていくにつれて、彼はわたしについてくるばかりではなく、単独でわたしの友人たちとも会ったり遊んだりするようになっていきました。

そして、わたしがどれだけ他の人たちを好きになったりデートしたりしていても、Aさんから気持ちが離れていくわけではないことを、彼はわたしとの生活のなかで少しずつ実感して安心し、わたしとの絆を深め、信頼関係を強くしていったのです。

そうやってわたしと同じように彼も友だちと飲みに出かけたり、終電で帰ったりと関東での生活を楽しむようになるにつれて、少しずつ言い争いも減り、生活は次第に平穏なものになっていきました。

第2章

どうやら
ポリアモリーの人

モノガミーなパートナーがポリアモリーに？

嫉妬について

わたしにはAさん以外にも恋人ができたり、ときには別れたり。いちばん多くて、4人の恋人ができたこともありました。

「同棲が1カ月続かないほうにディナーを賭ける」と知り合いに冗談を言われたころから、気がつけば1年あまりが経っていました。

そんなある日、わたしはAさんに「じつは、僕にも他に恋人ができた」と打ち明けられたのです。

このころ、わたしの自宅は、まるで部室のように友人たちの溜まり場になっていました。

ネット上でポリアモリーであることやセクシャルマイノリティ（性的少数者）であることをオープンにしていたわたしのところには、わたしの考え方や生き方に興味をもったりわたしと同じような価値観や境遇だったりする人がいつの間にか集まってくるようになっていて、オフ会を開いてわいわい交流することもしばしばでした。

友人たちを自宅に招いてホームパーティーを開くことも多く、家にはわたしとAさん以外にも、頻繁に友人たちが出入りしていました。鍋を囲んだり、夜遅くまで飲んで語り合ったり、雑魚寝したり、分担して家事をしたりと、ちょっとした寮や合宿所での共同生活のような様子だったのです。

ポリアモリーの当事者だけではなく、さまざまなセクシャリティや年齢やバックグラウンドをもつ仲間たちが集まっていて、誰一人として血縁や法律によってつながった家族ではないのに、不思議なアットホームさと居心地のよさをもつ、ネットの海から生まれたあたたかい潮溜まりのような空間がそこにはありました。

Aさんがお付き合いを始めたのは、そのころよく我が家に遊びに来ていた友人のひとり、Cちゃん。物静かだけれど、荒波の多い人生を乗り越えてきたことが感じられるような、強さも秘めた女性でした。

Aさんから Cちゃんと付き合うことを打ち明けられたとき、わたしがまず感じたのは、嫉妬よりも驚きでした。なにしろAさんは、わたしと付き合い始めた当初は自他共に認める根っからのモノガミー（お付き合いは一対一でするものという考え方にもとづいたライフスタイル）だったのですから。

なので、ネガティブな気持ちになるよりもわたしは、「Aさんは、わたしやわたしの友人たちと知り合って、ここまで変わったんだなぁ。変われるって、すごいことだ」と感激すらしました。もちろん、「恋人に別の恋人ができる」という初めての経験に対して、多少の戸惑いや不安こそ感じはしたものの、「AさんにCちゃんのことを好きになってほしくない」「Aさんを独り占めしたい」というような反射的な嫉妬心や独占欲はほとんどわきませんでした。わたしがCちゃんに対して嫉妬しなかったのは、Aさんと長い間お付き合いするうちに、「Aさんはわたしのことを揺るぎなく愛している」と信じられるようになっていたからだと思います。

時間の取り合い

ちなみに、わたしにとってのCちゃん、Cちゃんにとってのわたしのような、「恋人の恋人」のことを「メタモア」と呼びます。Aさんという共通のパートナーをもつわたしとCちゃんとは、メタモア同士ということになります。

Aさんにもパートナーができたことで、わたしやAさんの気持ちや生活がどう変化するのか、そしてCちゃんとわたしの関係はどのようなものになるのか、予想もできなかったけれど、とにもかくにもそうやってわたし、Aさん、Cちゃんのお付き合いが始まったのでした。

しかし、日々を過ごすうちに、わたしはCちゃんとの関係が、少しずつぎくしゃくしていくのを感じ始めました。

そのぎくしゃくの根本には、Cちゃんのわたしに対する「遠慮」があるように思えました。わたしに対する思いやりや気遣いというより、わたしがいることでどこかAさんに対して甘えきれない、恋人らしくふるまえないというもどかしさのようなもの。

一方のわたしは、いままでとあまり変わらずにAさんに甘えたり、ときには小さなケンカをしたりもしていました。自分のAさんへの接し方を大きく変えることは不自然に思えたし、Cちゃんに対してある程度の「配慮」は必要だけれど過度な「遠慮」はしないでいたいという気持ちがあったのです。

もちろん、CちゃんがAさんと付き合い始め、より長い時間を我が家で過ごすようになってからは、それまでの生活と何もかもが同じというわけにはいきませんでした。特に、夜どのように寝るかは、些細なようで見過ごせない問題でした。

今日は誰とベッドに入るの？

もともとはAさんとわたしとは寝室で2人で寝ていたのですが、CちゃんがAさんとお付き合いを始めてからは、Cちゃんも含め3人で川の字で寝ることもありました。けれど、それもCちゃんにとっては「きのコさんに申し訳ない」というわたしへの遠慮や、「Aさんと2人きりで眠りたいのに」というストレスにつながってしまっていたようです。

やがてAさんは、昨夜はCちゃん・今夜はわたしというように、交代でそれぞれと2人で眠るようになりました。わたしはわたしなりに、自分が我慢をしすぎない範囲でCちゃんとAさんの関係を尊重したいと思っていたし、このようなやり方はCちゃんとわたしにとって公平なものに思えたので、AさんがCちゃんと2人で眠っているときにも、あまり寂しさや嫉妬を感じることはありませんでした。

そんなふうにして、わたしたちはお互いの妥協点を探しながら一緒に過ごしていましたが、それでも、Cちゃんの遠慮や我慢を完全に拭い去ることは難しかったようです。

日が経つにつれて、Cちゃんが我が家で過ごす時間はだんだんと短く、訪れる頻度も低くなっていきました。そして、それにともなって、CちゃんとAさんのあいだの熱も徐々に冷めていき、数カ月後に、2人は恋人関係を解消した……ということをAさんから聞きました。「CちゃんともAさんとも、3人で仲良くできたらよかったのにな……」という、何ともいえないやるせなさのような気持ちがわたしの心の底にわだかまっていました。

ポリアモリー同士に嫉妬はあるの？

新しい恋人もポリアモリーだった

これまで読んできて、著者には嫉妬心がないからねと思われる方もいるかもしれませんが、じつは決してそういうわけでもないのです。

わたしが嫉妬心を抱いたときのエピソードをお伝えします。

ライブバーのイベントで出会い、お付き合いすることになったBさんとわたし。Bさんと付き合い始めるにあたって、わたしはもちろん自分がポリアモリーであることと、すでにAさんという恋人がいることをカミングアウトし、そのことについて彼の合意を得ていましたが、彼もまた、自分が複数の人を同時に好きになる性質であるという自認をもった人でした。

「それなら、モノガミー（お付き合いは一対一でするものという考え方にもとづいたライフスタイル）だったAさんと違って、お付き合いは楽そう」と思う方もいるかもしれません。

けれど実際には、Aさんのときとはまた違った難しさが、わたしたちを待ち受けていたのです。

まだ1カ月も経ってないのに……

Bさんと付き合い始めて数週間後。ある日突然、わたしは彼から、

「じつは、恋人ができました。もちろん、きのコさんという恋人がいることは伝えてあります」

と打ち明けられたのです（えっ……わたしたちまだ付き合って1カ月も経たないのに、もう別の恋人ができたの？　もしかしてBさん、わたしに飽きちゃったのかなぁ。これからもどんどん恋人が増えていくのかも……寂しい……）。

Bさんいわく、新しい恋人はSNSで昔からつながりのあるDちゃんという人だそう

（わたしより昔からの知り合いなんだ……。きっとBさんのことを、わたしよりよく知ってる人だよね。どんな人なんだろう、もっと詳しく知りたい。見た目は？　年齢は？　職業は？）。

その日のデートの帰り道、わたしはいままで感じたことのない不安に襲われていました。そうして、Dちゃん・Bさん・わたしのお付き合いが始まったのです。

デート中に何度も電話をしてくる恋人の恋人

Dちゃんとわたしとは、Bさんを介した「恋人の恋人」、つまりメタモア同士という関係になります。「メタモアができる・メタモアになる」ということ自体は、わたしはすでにAさんとのお付き合いのなかで何度か経験していました。けれども、今回は「付き合い始めてすぐメタモアができたこと」「Dちゃんとわたしに面識がないこと」「Dちゃんが強いモノガミーであること」が、いままでとは大きく違っていて、わたしを不安にしていたのです。

Bさんによれば、Dちゃんはモノガミーのなかでも特に嫉妬心が強い人だとのことでした。Dちゃんはお付き合いの当初からBさんとわたしとの関係にヤキモキしていたらしく、わたしが彼と過ごしていると彼女から彼に何度も電話がかかってきたり、いくつもメッセージが送られてくることもしばしばでした。

そのたびにわたしは、彼女に責められているような苦しさを感じました。

わたしが会社の休暇中、数日間ずっとBさんの家に滞在していたときのことです。

ある日、彼が言いにくそうに「きのコさん、Dが寝るまで俺とビデオ通話したいって言ってるんだけど……」と切り出しました。

申し訳なさそうなBさんの顔を見て、わたしは精一杯の笑顔で「じゃあ、どこかで時間をつぶして、終電で戻ってくるね。それまでいっぱい話すといいよ！」と明るく返すと、彼の家を出ました。

その日はたまたま別の予定があったものの、意外に早く用事がすんで戻ってきてしまったわたしは、終電がなくなるまで1時間ほど、Bさんの家の前の駐車場でぼんやりしていました。

月のない肌寒い夜で、Bさんの部屋の灯りを見上げながら、「いまごろ、どんな話をしているのかなぁ……」「もう、チャイムを鳴らしてもいいかしら……」と、心細い気持ちでベンチに腰掛けていたことを覚えています。

恋人の恋人に嫉妬しちゃう理由

わたしは、自分の存在がDちゃんを嫉妬させているということ、自分もDちゃんに嫉妬していることに苦しみました。

嫉妬とひとことでいっても、「独占欲からの嫉妬」「疎外感からの嫉妬」「ライバル意識からの嫉妬」「エゴからの嫉妬」「不安からの嫉妬」など、その原因にはいくつかの種類があります。嫉妬という反応自体は結果的に同じでも、わたしが感じていたのは「不安からの嫉妬」でしたが、Dちゃんが感じていたのは「独占欲からの嫉妬」だったのではないかと思います。

Dちゃんのことを、わたしはよく知りません。

知らない物事に対しては、人間は不安を感じたり、その不安のためについ否定的な見方をしたりしてしまいがちなものです。

わたしは、自分がDちゃんに嫉妬を感じるのは、彼女のことを知らなくて不安だからだと考え、「あなたとDちゃんの信頼関係が安定するのを待つ。でも、できれば1年以内に、

Dちゃんに会わせてほしい」とBさんに訴え、彼も「Dに話してみます」と言ってくれました。

そんな矢先、DちゃんからSNSでメッセージが届いたのです。BさんとわたしがSNSでつながっていたことから、彼女はわたしのアカウントを知ったのでしょう。

「わたしはあなたとはお会いするつもりはありませんし、あなたとお会いしてもあなたのことを理解、もしくは好意を抱くことは決してありません。今後、わたしとわかり合おうとしないでください」

強い拒絶の言葉に、わたしは大きなショックを受けました（Dちゃんとわかり合うことなしに、わたしは自分の不安や嫉妬をしずめることなんてできるんだろうか。もしできなかったら、ずっとこの嫉妬に苦しみながらBさんと過ごすことになるのかな……）。

恋人の苦渋の決断

Dちゃんからは、その後も何度もメッセージが届き、その内容は次第にとげとげしく、激しいものになっていきました（嫉妬されるって、こんなにつらいんだ。それよりも、嫉妬するってこんなに苦しいんだ。嫉妬してしまう自分がイヤだ、わたしがDちゃんと仲良くしないと、Bさんが困るのに……)。

わたしはDちゃんに嫉妬しつつもそんな自分を責め、心が次第に削れていくのを感じていました。

Bさんから別れ話を持ちだされたのは、そうやってわたしの心が限界に達しかけていたときでした。

「2人の板挟みになっているいま、俺にはポリアモリーを続けていくことは無理です。いまは、まずDを落ち着かせる時間がほしい。だから、きのコさんとの恋人関係を解消して、友だちに戻りたいんです」

お互いの嫉妬で疲れ果てたDちゃんとわたしとのあいだで、Bさんも同じように消耗しきっていることは、2人ともわかっていました。

こうして、Bさんとわたしは、恋人関係を解消して友だちに戻ることになったのです。

とても苦しい経験でしたが、ポリアモリーにおけるメタモアの存在は必ずしもマイナスなものとは限りません。

友だちが恋人の恋人に？

恋人の恋人はどんな人？

わたしと同じく、Eちゃんはポリアモリーであることをネットでオープンにしていて、複数の人を同時に愛するという性質、複数の人と同時に交際するというライフスタイルについて、悩みながらも真剣に向き合っている人でした。自分自身に対しても愛する人たちに対しても常に前向きなEちゃんとネット上で語り合うのは、わたしにとって刺激的で実り多い経験でした。

そんななか、わたしがときどき開催していたSNSのオフ会に、あるときEちゃんが恋人と一緒に参加しに来てくれたのです。

初めて実際に会ったEちゃんは、まわりの人たちまでハッピーな気持ちにしてくれる、はじけるような笑顔の持ち主でした。わたしもAさんも、明るくて屈託のない人柄の彼女と夜遅くまで語り合い、楽しい時間を過ごしました。

その後、EちゃんはひとりでもわたしとAさんの家に遊びに来るようになり、わたしも彼も、彼女と会うのをいつも楽しみにしていました。そのうちに、EちゃんとAさんとはときおりデートに出かけるようになり、2人の仲は次第に深まっていきました。

しばらくして、わたしはAさんから、彼とEちゃんとがお付き合いを始めることになったと聞きました。そのころのわたしとAさんは付き合い始めてから、数年が経っていたと思います。

不安も嫉妬も感じなかった理由

Aさんからの報告を、わたしは不安も嫉妬も感じることなく、落ち着いて受け止めることができました。それは、Aさんとわたしの関係性がすでにかなり安定していて、しかもAさんの新しい恋人となったEちゃんのことを以前からよく知っていたからというのが大きいと思います。

そしてなにより、

「Aさんが他の誰を好きになっても、それ自体が原因でAさんがわたしを好きでなくなることはない。わたしも、他の誰を好きになっても、それ自体が原因でAさんを好きでなくなることはない」

という信頼がお互いに築けていたからです。

地方に住んでいたEちゃんはあまり頻繁にAさんと会う機会こそないものの、2人は通話したり、ときにはお互いを訪ねたりと、遠距離ながら楽しくお付き合いしていました。

ポリアモリー当事者であるEちゃんには、Aさん以外にも数人の恋人がいて、そのなかにはわたしの知り合いもいました。ときにはわたしの家にEちゃんとその恋人たち（もちろんAさん含めて）が集まり、皆でにぎやかに過ごすこともありました。

そういったEちゃん、Aさんとのかかわりのなかで、もっとも印象に残っている出来事があります。

あるとき、Aさんが仕事に関してなかなかうまくいかずに、精神的に不安定になったことがありました。

悩んだ末にAさんは数カ月間休職することを選択したのですが、それを知って心配したEちゃんが、彼に宛てて手紙を送ってきてくれたのです。

Aさんが見せてくれたEちゃんからの手紙には、彼に対するEちゃんのあたたかい愛情あふれる言葉が詰まっていました。

「コンパージョン」という気持ち

その手紙を読んで、わたしは思わず涙がこぼれました。EちゃんがAさんを心から思いやっているということがとてもうれしかったのです。Aさんを大切に想うEちゃんに対する感謝や、Eちゃんに愛されている素敵なAさんに対する喜びも、そこにはありました。

後日、わたしがEちゃんからの手紙を読んで泣いた話をAさんがしたら、彼女もそのことに感動して泣いていたと彼が教えてくれました。

こんなふうに、EちゃんとAさんとわたしのあいだには、あたたかで和やかなお互いへの信頼と愛情の交歓があったのです。

わたしがEちゃんに対して感じたこの気持ちは、「コンパージョン」と呼ばれます。これは「愛する者が、自分以外のパートナーを愛していることを感じるときに生じるハッピーな感情」のことで、「嫉妬」の対義語と位置づけられるものです。

Dちゃんに対する嫉妬と、Eちゃんに対するコンパージョン。「メタモア＝恋人の恋人」というそれぞれ同じ立場の相手に対する感情なのに、なぜDちゃんとEちゃんに対してこのように相反する気持ちをもったのか、不思議に思う方もいるかもしれません。

わたしは、DちゃんのエピソードとEちゃんのエピソードにおける自分の心の動きを見つめ直してみて、この嫉妬とコンパージョンのあいだには、恋人やメタモアに対する信頼の有無がかかわっているのではないかと思います。

Dちゃんに対して嫉妬してしまったのは、Bさんとわたしとの信頼関係がまだ希薄だったうえに、Dちゃんのこともよく知らなくて不安だったから。逆に、Aさんとの信頼関係が強固で、Eちゃんとのあいだにもすでによい関係性が築かれていたからこそ、Eちゃんに対してコンパージョンを感じられたのです。

EちゃんとAさんは、それから数年経ってから恋人関係を解消することになりました。けれどそこに争いやいがみ合いはまったくなく、Aさん・Eちゃん・わたしはいまもいい友だち関係を築いていています。

第3章

誰もが傷つかないために

誕生日やクリスマスはどう過ごすの？

恋人が複数いると、どちらと過ごすかモメない？

まず、最初に身も蓋もないことを言ってしまうと、わたし自身は、カップルイベントにあまり興味をもっていません。というより、カップルイベントを「恋人と2人きりで」過ごしたいとあまり思わないといったほうがいいかもしれません。

以前、こんなことがありました。

当時の恋人のひとりだったBさんの誕生日が近づいて、わたしは彼に箱根旅行をプレゼントしようとしていました。「昔から行ってみたかった」と彼が言っていた旅館の露天風呂つきの部屋を数カ月前から予約して、列車も眺めのよい展望席を押さえ、お互いに会社の休みも合わせて、あとは当日を楽しみに待つばかりでした。

そんなある日、わたしが普段からつるんでいる男友だちと話していたときのことです。

「久々にツーリングでも行きたいな。箱根とか」と彼がつぶやきました。

「箱根？　ちょうど、今度Bさんと行くよ。何なら一緒に来る？」とわたしは気軽に友だちを誘いました。Bさんと友だちはわたしを介した共通の知り合いだったので、せっかくのBさんのお誕生日だから、友だちも一緒にお祝いしたほうがきっと楽しいし、Bさんも喜ぶよね！　と思ったのです。

その後、その話をBさんにしたところ、「恋人との誕生日の旅行に友だちを誘うなんて！」と盛大に怒られてしまい、びっくりしたのを覚えています。

ポリアモリー当事者のなかには、わたしのようによくも悪くも「独占欲」「2人きり欲」が薄い人間もある程度いるようです（Bさんは、複数の人を同時に好きなる性質ではあっても独占欲のある人でした。きっと、誕生日をわたしと2人きりで過ごしたかったのだと思います）。

それを「束縛がなくて楽」と思うか、「愛が足りないように思える、寂しい」と感じるかは、人それぞれだと思いますが……。

それはそれとして、もしわたしの誕生日やカップルイベントの日に、恋人たちがわたしと過ごしたがったら、わたしはいったいどうするでしょうか？ 幸か不幸か、カップルイベントにおいて恋人を取り合ったり、あるいは恋人たちに取り合われたりという仮定の話として考えてみたいと思います。

ポリアモリー当事者といっても本当にいろいろな人がいるので、これはあくまでもきのコ個人の価値観にすぎないのですが、わたしは、もし恋人たちに「僕と過ごそうよ」「俺も一緒にいたい」と言われたら、きっと「もう、皆で集まって一緒にわいわいパーティーしちゃおうよ！」となります。

そもそも、楽しいことは皆でわけ合えばもっと楽しい！ という考えの人間なので、恋人たちばかりでなく、友だちもたくさん呼んで、大騒ぎできたら最高にハッピーです。あまり、しっぽりロマンチックなタイプの人間じゃないのかもしれません。

もし、「2人きりで過ごしたい」と恋人たちに訴えられたら、別の日にあらためてそういう時間をつくってゆっくり過ごすことを提案すると思います。

独占欲について

一方で、恋人に他の恋人（恋人の恋人＝メタモア）がいて、恋人の誕生日を誰とどう祝うかでもめることもあるかもしれません。

わたし自身は、「カップルイベント当日に、恋人と2人きりで過ごしたい」という気持ちがあまり強くなく、「別の日にあらためて一緒に過ごせれば、それで十分幸せ」と思う人間です。なので、もしわたしの恋人とその恋人が当日をどうしても一緒に過ごしたいというなら、できるだけその日のデートはゆずりたいなと思います。

こういった話を人にすると、「きのコさんってホントに独占欲がないんだね。きのコさんにとって、友だちと恋人の違いって何？」ときかれることがあります。

わたしにとって、友だちと恋人とは独占欲の有無によって区別できるものではありません。正直、複数の人を同時に好きになる性質を自認し、ポリアモリーな生活を実践するようになってから、「友だちと恋人の違いってわりと曖昧だし、区別する必要性もあまりないかもなぁ」と思うようになりました（ただし、友だちと恋人とをあまり区別しないせいで、先ほどのエピソードのように恋人の誕生日イベントに友だちを呼ぼうとしてしまって怒られるといったことも起こるので、この考え方は恋人たちの考え方ときちんとすり合わせることが重要だと思っています）。

両想いと恋人の違い

また、わたしには、いわゆる「両想い」であることがお互いわかっていても、あえて「恋人」同士にならないという合意を共有している相手もいます。

「恋人」という肩書きを利用しない以上、「恋人は何人いるの？」と第三者にきかれたときに恋人たちのひとりとして数えることはしませんが、自分の気持ちのうえでは、他の恋人たちと同じように愛情とコミットメントを感じる相手です。

カップルイベントの話は「ポリアモリーあるある」な難しいシチュエーションのひとつなのですが、「あらゆるポリアモリーカップルに当てはまる唯一の正解」なんてものはありません。イベントの過ごし方だけでなく、どんなことについても、それぞれのカップルのなかで「自分はどう考えるか、どうしたいか」「恋人（たち）はどう考えるか、どうしたいか」を明確にし、それぞれの合意を目指して話し合っていくことが大切なのではないでしょうか？

「性」については？

性生活のルール

ポリアモリーといっても、価値観やルールは人それぞれ、カップルそれぞれ。なかには「1日にセックスするのは複数の恋人のうちのひとりまで」と決めている人もいるようです。

わたし自身が恋人たちと合意しているのは、「誰とのセックスにおいても、性病のリスクをできるだけ減らす」ということです。避妊をするかどうかはまた少し違う問題ですが、少なくともいまのところは妊娠も避けるようにしています。要は毎回正しくコンドームを使うということです。

とはいえ、どれだけ気をつけていても100パーセント性病を防げるわけではないので、数カ月に一度は性病検査を受けています。過去には咽頭クラミジアの検査で陽性が出てしまい、恋人たちやメタモア（恋人の恋人）にも検査を受けてもらったり、逆にメタモアが他の人とリスキーなセックスをしたことがわかって、恋人と一緒に検査を受けたりしたこともありました。

基本的に、自分の恋人とメタモアがどんなセックスをするかに口を出すことはありませんが、誰もが傷つかないようにふるまう（この場合は誰も性病にかかったり、それをうつしたりしないように）という配慮はお互いに欠かすことのできないものだと思います。もちろんセックスに限らず何事においてもですが。

他の恋人とのひとときについて

それから、わたしの場合、いまの恋人のAさんとはデートの予定は共有するものの、セックスするかどうか、したかどうかを話すのはお互いの自由ということにしています。ときには「○○さんとデートして、こんな映画観たよ」と話すのと同じ調子で、「こんなセックスしたよ」などと話すこともあります。

わたし個人は、好きな人たちのことならできるだけいろいろ知りたい!! と思うタイプなので、好きな人たちが他の人たちとどんなセックスをするのかは、興味がわくことのひとつです。もちろん、知ったがゆえに嫉妬することもないわけではないのですが、それならそれで「自分がどういうときに嫉妬するのか」も興味深いというものです。

以前、もうひとりの恋人だったBさんとお付き合いしていたとき、彼に「こういうプレイがしてみたいんだけど……」とせがまれて、「ごめんなさい、そういうプレイはちょっと苦手なので、もしよかったら他の人としてほしいな」と返したことがありました。その後、実際にメタモアとそういうプレイをしたという話をBさんから聞いたときは、「わたしが満足させてあげられなくて残念だなぁ」とモヤモヤした気持ちを感じました。

とはいえ、彼に要求されたからといって、あるいはメタモアに張り合いたいからといって、自分が本当は楽しいと思えないようなセックスを無理にすることは、ポリアモリーであるかどうかにかかわりなく、長期的には恋人同士の関係性をそこなうものだと思っています。ひとりの恋人に自分の欲求のすべてをぶつけていいわけでもないし、逆に、恋人の欲求のすべてに自分ひとりで応えなければいけないわけでもないという考えです。

ポリアモリーにもいろいろな性的ライフスタイルの人がいますが、「恋人たちとしかセックスしないポリアモリーカップル」と「恋人たち以外の人ともセックスすることを許容するポリアモリーカップル」に大きくわけることができると思います。わたしとわたしの恋人たちは後者の立場をとっていて、このような「自分のパートナーが他の人物と親密な（性的）関係をもつことを許容しているカップルのあり方」を「オープンリレーションシップ」と呼ぶこともあります。

ポリアモリーとオープンリレーションシップは共通する部分がありながらも少し異なる概念なので、わたしは、自分自身をポリアモリー当事者であると同時に、オープンリレーションシップ実践者でもあるととらえています。

3人でしちゃったりするの？

また、よく誤解されるのですが、ポリアモリー当事者が性に奔放とは限りません（他人を傷つけなければ、性に奔放であることが悪いわけではないとは思いますが）。性に奔放なポリアモリーも、そうでないポリアモリーもいます。モノガミー（お付き合いは一対一でするものという考え方にもとづいたライフスタイル）の人であっても、性に奔放な人もいるし、そうでない人もいるのと同じことです。ただ、わたし自身の経験からいうと、ポリアモリーの人たちのなかには、性に関してオープンかつ真剣に語り合ったり実践したりすることが好きな人が多いように思います。

ポリアモリーであることは、どういうセックスをするかだけを指すのではありません。ときには「ポリアモリーって、3Pするの？　乱交するの？」ときかれることもあるのですが（そういうセックス自体がいいとも悪いとも思わないものの）、それとポリアモリーであることとは別の問題だと考えています。

さらに、なかには「性欲の薄い／ないポリアモリー」という人たちもいます。特にアメリカのポリアモリー事情と比較すると、日本のポリアモリーにはこういう人が多いともいわれます。

とはいえ、ポリアモリーの実践は「どのような性的ライフスタイルをとるか」という問題と結びつくことが多く、嫉妬との付き合い方ともからまって、この部分で試行錯誤している人たちは多いという印象です。もちろん、わたし自身もそのひとりです。

周囲にポリアモリーを伝えたほうがいい？

自分の理解を求める範囲

オープンにしていると言いながらいきなりですが、勤め先ではポリアモリーであることはほとんどカミングアウトしていません。

昔、入社当時のわたしの教育係として仕事を教えてくれて、大変お世話になっていた先輩との飲みの席で、ポリアモリーについて打ち明けたことがありました。

そのときの先輩の「結婚しろ！　子どもをつくれ！　そうすればお前は変われる。そんな生活してると、最後には誰もまわりにいなくなってひとりぼっちになるぞ」という言葉は、いまもわたしの心にトゲのように突き刺さっています。それ以来、会社の人にポリアモリーをカミングアウトすることについては、かなり慎重になりました。

とはいえ、今後も長く勤めたいと思っている会社ではあるので、ずっと「クローゼット」（自身の性的指向や性自認をカミングアウトしていない）という状態で働き続けたいとは思っていません。いまのところ、ポリアモリーについては、わたし自身が直接伝えるより、メディアでの発言などを通じて「外から」伝わっていくほうがよいのではと思っています。

母にカミングアウトしてみました

ポリアモリーであることに限らず、自分自身の大切なアイデンティティについていちばんカミングアウトしたい、けれどいちばんカミングアウトしづらい相手が家族——特に「親」だという話はよく耳にするし、わたし自身もまさにそうでした。

実家暮らしだった学生時代から、恋人以外にも複数の人とデートを重ねていることはあまり隠してはいなかったけれど、そのことと、ポリアモリーであることをカミングアウトすることとはまったく別。当時、家族からは「きのコは遊び癖がひどくてふらふらしてるけど、まぁ、そうはいっても年ごろになれば落ち着くだろう」と思われていた（らしい）

です。当時のわたしはとても「関係者全員の合意のもとに複数の人とお付き合いしている」状態ではなく、まさにふらふらしていたとしかいえないのですが……。モノガミーでロマンチックラブイデオロギーの強い妹からは「姉ちゃんのビッチ！」と非難されることもしばしばでした。

そんなわたしが、ようやく家族に「ポリアモリー」という言葉を使って自分のことをカミングアウトできたのは、30歳を過ぎてから。「OUT IN JAPAN」という日本のLGBTをはじめとするセクシャルマイノリティにスポットライトを当て、市井の人々を含む多彩なポートレートをさまざまなフォトグラファーが撮影し、5年間で1万人のギャラリーを目指すプロジェクトの「カミングアウトプロジェクト」に参加したことがきっかけでした。

母親は、わたしの話を落ち着いて聞いてくれましたが、最後に「ひとりで生きていくならポリアモリーもいいけど、子どもはつくらないほうがいい」と言われたときは、何ともやるせない気持ちになったことを覚えています。

けれどある日、実家に帰省したわたしに母親が2冊の本を差し出してきました。深海菊絵『ポリアモリー　複数の愛を生きる』（平凡社刊）と坂爪真吾『はじめての不倫学「社会問題」として考える』（光文社刊）。どちらの本にもポリアモリーが取り上げられていて、母親は新聞の書評欄で「ポリアモリー」の言葉を見つけ、これらの本を読んだと言います。このようなかたちで、ポリアモリーについて知ろうとしてくれているのは、わたしにとっては涙が出るほどうれしいことでした。

友人にカミングアウトしてみました

友人たちの反応は千差万別です。もっとも多いのが「複数の人を同時に好きになっちゃうなんて、まだ本当の『好き』を知らないだけだよ。本当の恋愛をすれば、その人しか目に入らなくなるものだよ」という意見。これ、じつは逆に「ひとりしか好きにならないなんて、まだ本当の『好き』を知らないだけだよ」と裏返しの主張もできてしまう（そしてどちらの主張にも、何の根拠もない）のです。それに気がつかず、モノガミーが唯一の正しい愛し方だと無邪気に信じている人がいかに多いことかとあらためて思います。

かと思えば「つまり、誰とでもセックスするってこと？　乱交とかするの？」ときかれたり、セックスばかりにかたよった反応に苦笑いすることもしばしば。ポリアモリーが決して性的なライフスタイルだけを指す概念ではないことを、できる限りていねいに説明してはいるのですが、ときには「じゃ、俺もポリアモリーだよ！　俺ともセックスしよう！」という軽はずみなリアクションにずっこけてしまうことも……。

このあたりはポリアモリーに限らず、ＬＧＢＴなどのマイノリティがよく向けられる「（悪意のない）偏見や差別」「セックスにかたよった興味」なんだなと感じます。

それから「ポリアモリーという人がいるのはいいけど、自分は無理だし、自分の恋人がポリアモリーだったら耐えられない」「ポリアモリーはポリアモリー同士だけで恋愛してほしい」と言われることもあります。

実際にはポリアモリーとモノガミーのカップルもたくさんいるし、モノガミー同士で恋愛したところでうまくいくとは限らないのと同じように、ポリアモリー同士で恋愛すれば平和というわけでもないので、こういった意見をもらうと「気持ちはわかるけど、そんなこと言われても……」とモヤモヤしてしまいます（こういう意見のなかの「ポリアモリー」を「モノガミー」に置きかえてみると、わたしのモヤモヤが少しわかってもらえるかもしれません。ポリアモリーであってもモノガミーであっても、相手を選んで好きになったりならなかったりすることは、少なくともわたしにはできないのです）。

一方で「自分もポリアモリーかも……」「誰でもある程度は複数の人を同時に好きになる性質なんじゃないのかな……」という反応をもらうこともあり、それが意外と多いことに驚かされたりもします。

わたし自身は、複数の人を同時に好きになるなんて世界で自分だけなんじゃないかと誰にも言えずに悩んだ時期が長かったので、共感されるということは身に沁みてうれしいものなのです。

結婚や子どもはどうするの？

結婚について

結論からいうと、わたしは、少なくともいまは結婚するつもりはありません。

ポリアモリー当事者としては、現状の日本の婚姻制度は使いづらいと感じているのが正直なところです。

どれだけパートナーたち全員を公平に愛し大切にしていても、複数人と同時に結婚できるわけではないし、異性としか結婚できない制度であるところも不便だと思っています。

婚姻制度としての「複数婚（ポリガミー）」については、古くは中東各国の「一夫多妻制（ポリジニー）」、インドやチベットの一部における慣習「一妻多夫制（ポリアンドリー）」などとともに、「AFPBB News」によると2012年、ブラジルでは「3人婚」の届け出が初めて受理されたように最近ではフランスやブラジルの「3人婚」といった例もあります。

同性同士での結婚、いわゆる「同性婚」については、LGBTの権利として日本を含め世界中で法整備が進められていますし、いつかは同じようなかたちで「複数婚」の流れが来るのかもしれません。

子どもについて

それから、結婚以上に難しいと個人的に思っているのが「子ども」に関することです。

ポリアモリーであることについて話していると、「子どもはどうするの？」とよくきかれます。

わたし自身は、子どもについては、「もし授かれば責任をもって育てたいけれど、もし授からなければそれはそれでいい」のスタンスです。

いまのところは、積極的に子どもをつくろうとはしていないし、そのことについては恋人Aさんとも合意していますが、彼自身は子どもが好きで、子育てにも前向き。もし子どもが生まれても、Aさんとなら（誰の子であっても）育てていけるよねと話しています。

もしわたしが、積極的に子どもをもちたい！　と思うようになったとしたら、恋人たちさえ合意してくれるなら、恋人たち全員と一緒に子育てができれば理想的だなぁと思います。

ポリアモリーとして子どもをもつことについて考えるなかで、他の「子どものいるポリアモリー」当事者がどのように考え、どのように暮らしているか、いつも興味いっぱいです。

ポリファミリーの「いやさかファミリー」の旦那さんひとり、奥さん2人、子ども6人のポリファミリーというブログを読んでいると、素敵だなぁと憧れたり、大変だなぁとうなったり、いろんなことを考えさせられます。

昔は、どうしても子どもがほしい（というより、子どもを産まない限り、自分には女として、人間としての価値がない）と思い込んでいた時期もありましたが、年齢を重ねるにつれて、結婚や出産ばかりが女の幸せや価値ではないというように考え方の幅が広がってきたような気がします。

子どものいる人生にも、いない人生にも、それぞれに違う素晴らしさがあるだろうし、どちらの人生になってもきっと豊かに過ごすことができるのではないでしょうか。

とはいえわたしはまだ30代前半。

いまも「産もうと思えば産める年齢」ではあるので、本当にこのままずっと子どもをもたないか否かについては、きっとあと数年（もしかしたらずっと？）気持ちが揺れ動くこともあるでしょう。

自分の気持ちや価値観は変化して当然のものなので、そのときどきの「揺れ動く自分」にじっくり向き合っていければと思っています。

会社の先輩の「子どもをつくれ」にも、母親の「子どもはつくらないほうがいい」にも、まったく悪気がないのはわかっていたけれど、それでもわたしはモヤモヤした気持ちを感じました。

同じように、ネットで「ポリアモリーを親にもった子どもはかわいそう」「ポリアモリーは結婚するべきではない、子どもをつくるべきではない」という意見をもらうこともあります（これはポリアモリーだけでなく、障害者やLGBTもよく言われていることです）。

「他人と違う親・他人と違う家庭に生まれた子どもは世間から差別されるからかわいそう」という考え方は、「世間と違う人間は差別されるもの」という価値観がもとになっているので、その意見に悪意がなかったとしてもそれ自体が「差別を再生産する基盤」になってしまうものだとわたしは思います。

ポリアモリー当事者やその子どもが「差別されてかわいそう」だと思うのであれば、まず問題にされるのはその差別意識であって、差別される側が「差別されないように予防する」ことは、差別そのものを本質的になくすことにはならないのではないでしょうか。

ポリアモリーでつらいときには？

人の愛し方で悩まないで！

Aさんに出会う前のもう4年以上前になるでしょうか、そのころ、わたしは一緒に暮らしていたパートナーから別れを告げられ、ポリアモリーとしての自分自身について、これまでにないほど葛藤していました。

別れの原因は、わたしが彼だけでなく他の人も好きになってしまったこと。

わたしにとっては、親兄弟でない人と生活をともにするのは、それが初めての経験でした。その2人暮らしが破局を迎えたことで、わたしは控えめに言っても人生に絶望していました。

そもそもわたしが「ポリアモリー」という概念を知り、自分はそうではないかと思い始めたのは、大学生になってすぐのころでした。

入学してまもなく恋人ができたのですが、数カ月後には、他にも好きな人ができてしまった自分に気がついたのです。

「初めて彼氏ができてうれしいし、彼氏のことがとても大切なのに、どうして他の人も好きになってしまうんだろう。自分は何か精神的におかしいのでは……」

そう悩んでいたとき、当時受講していた文化人類学の講義のなかで「ポリガミー〈複数婚〉」という言葉を知り、それについてネットで調べていたときに、ポリガミーの類語としての「ポリアモリー」という言葉を見つけたのが始まりでした。

「そうか、わたしって、ポリアモリーだったんだ！」

暗雲のあいだから光が差したような感覚でした。

と同時に、「いやいや、こんなふうに開き直っちゃいけない。バレないうちにこの悪い癖を治さないと」という、もうひとりのわたしの声も聞こえました。

そのときから、わたしは「複数の人を同時に好きになってしまう自分」から目を背け、そういう自分を否定してきました。

恋人ができても、たいていは他にも好きな人ができてしまい、別れ話の繰り返し。そして、そんな自分を治そう・変えようとして、「この人に対してなら、きっとずっと一途でいられる！」と思って一緒に暮らし始めた相手との破局。

失意のなか、わたしは思いました。

「これ以上、自分を隠そうとしたり治そうとしたり、自己否定していたら、死ぬしかなくなる。もう、〝ポリアモリー〟である自分を受け入れてあげるしかない。そして、好きになった人たちにもポリアモリーなわたしをオープンにしていこう。もし、誰からも受け入れられなくて、最終的に孤独死したとしても、一度きりの人生、自分に正直に生きたい」

こうしてわたしは、自分の「人の愛し方」を受け入れ、それを相手にオープンにしていくことを決めました。

「ポリアモリー」という言葉を知ってから、10年近い歳月が流れていたと思います。

仲間と語り合う効能

ポリアモリーである自分を受け入れようと決めたわたしがまず始めたことは、「仲間探し」でした。

毎日のように、ポリアモリーに関する国内外の文献を読んだり、他にも自分と同じような人がいないかネットでポリアモリーの情報を探し回ったりしました。

そこで見つけたのが、ポリアモリーに興味がある人の交流会「ポリーラウンジ」だったのです。

開催地は関西。わたしは関東に住んでいましたが、矢も盾もたまらず、夜行バスに乗って飛んでいきました。バスのなかでは、ドキドキして一睡もできなかったことを覚えています。

その交流会の席でわたしは、生まれて初めて自分以外にポリアモリーを自認している人々と出会いました。

そして初めて「ポリアモリー」という言葉を使って、自分がどのように人を好きになるか、どのような関係性を築いていきたいかについて語り合うことができました。

数時間ほどの交流会はあっという間に過ぎ、最終の夜行バスでわたしは関西をあとにしました。0泊3日の強行スケジュールで、格安高速バスの硬いシートに座りっぱなしの体はくたくたでしたが、以前の追い詰められた孤立無援の気持ちがウソのように、心は晴れ晴れとしていました。

その後、関東でもポリーラウンジが開催され、最初は参加者として参加していましたが、そのうちに会の運営を手伝うようになり、のちには主催もやらせていただくようになりました。

ポリーラウンジ設立当初の運営メンバーとも連絡を取り合いながら、現在も、数カ月に一度くらいの頻度で交流会を開催しています。

初めてポリアモリーの交流会に参加し、初めて自分以外のポリアモリー当事者と出会い、初めて罪悪感をもたずにポリアモリーについて語り、初めて嫌悪も軽蔑も見せずに耳を傾けてもらえた。

あのときの「自分はひとりじゃなかった。他にも同じような人がいて、わたしのことをわかってくれた」という気持ちは、一生忘れないと思います。

そして、当時の自分と同じように誰にも言えずにひとりで悩んだり、愛する人を傷つけながら自分も苦しんだりしている人が、こういう救われたような気持ちを感じて、少しでも生きやすくなる手助けができればと思っています。

第4章

ポリアモリーについてみんなが知りたいこと

ポリアモリーはモテる人？

愛情が深い人たちであることは確か

　ポリアモリーであることをオープンにしていると「ポリアモリーの人たちは、美男美女でモテる人たちばっかりなんでしょ？」という意見をいただくことがあります。さらに「ポリアモリーがまかり通ってしまったら、美男美女でモテる恋愛強者ばかりがハーレムをつくって、非モテの恋愛弱者はますます恋人ができなくなるじゃないか！」、あるいは「きのコはブスのくせに、ポリアモリーだなんてけしからん！」というクレーム（？）を受けたことも。

　まずわたし個人の所感としては、ポリアモリー当事者が「美男美女でモテる人たちばっかり」だとは思いません。そもそも、誰かを好きになるのに、ブスも美人も関係ない……というより、好きになるのにどんな資格も必要ないはずです。「ブスが恋するなんておこがましい」とか「ただしイケメンに限る」というような価値観は、ポリアモリーであるか、モノガミーであるかにかかわらず、いろいろな人を生きづらくするだろうなと思います。自分自身の好きや嫌いの気持ちについて、他人からその正否や善悪を評価される必要はありません（なお「ポリアモリーによって非モテの人はますます恋人ができなくなる」という意見に対しては、「ポリアモリーによって恋人はひとりだけが『独占』するものという考え方が薄まる分、恋愛のチャンスが広がる！」という逆の意見も多いので、何ともいえないところです……）。

わたし自身は、ポリアモリー当事者であることと関係あるかどうかはわかりませんが、幸いにして人間関係に恵まれ、たくさんの素敵な人たちと仲良く過ごせていると感じています。しかし、そこから恋愛関係になり、そのうえ恋人関係にまでなるというと、そんなに「勝ちまくり！　モテまくり！」な恋愛生活を送っているわけではありません。

なかには7人も8人も恋人がいるようなポリアモリー当事者もいますが、いったい何をどうすればそんなにモテるの?!　どうやってそんなにたくさんの恋人と付き合うの!?　と個人的には驚きを隠せません。ひとりきりで過ごす時間とか、ほしいと思わないのかな……などといらない心配をしてしまいます。

わたしは自分自身のことをわりと「ほれっぽい」人間だと思っています。実際、わたしはいま恋人たちに加えて、幾人かに片想いをしていますが（恋人たちも、わたしに他の好きな人がいることは知っています。むしろ、わたしの恋愛相談にいちばん親身になって耳を傾けてくれるのが恋人たちなのです）、なかには取りつく島がないような相手もいるし、けんもほろろに振られて恋人の前でめそめそ泣いたり、あるいは昔の恋への未練でしょんぼりしたりという苦い思いをすることもめずらしくありません。誰かに好意をもっても、相手がポリアモリーであるわたしのことを受け入れられないだろうと感じたり、これ以上たくさんの恋人をつくると一人ひとりを大切にしきれないと思ったりして、片想いを片想いのまま胸にしまうこともあります。

他の誰かの埋め合わせをしているの？

わたしにとっては、好意は相手一人ひとりに対する違う種類の気持ちなので、「Bさんに失恋してもAさんがいるから平気」というようなかたちで誰かに失恋した傷を他の誰かで埋め合わせることはできないのです（もちろん、わたしが失恋したときに優しくはげましたり豪快に笑い飛ばしたりしてくれる恋人たちには、おおいになぐさめられていますが……）。

ポリアモリー当事者が美男美女ばかりだとは、わたしは思っていません。ただ、ポリアモリーとして生きることに真正面から向き合い、恋愛関係における恋人たちとの合意を真摯に目指す人々を、魅力的だと感じることは事実です。

安定してポリアモリーな関係性を維持している人たちには、自分の思いを言葉にしたり相手の話を理解したりするコミュニケーション能力が高く、相手のことも自分のことも大切にできる人が多いので、そういった人が好意を寄せられやすいことにもうなずけます。外見や履歴書的なスペックだけの話ではなく、（ポリアモリーであってもモノガミーであっても）そういった人間性をもつ人はやはり「モテる」のではないかなと思います。

恋人がひとりだけでは満たされないの？

自分を満たすものは恋人ではない

わたしはその言葉に、なんとなく引っかかるものを感じました。

満たされる？　「恋人に満たされる」って、どういうことなのでしょう。

わたし個人としては、恋人とは自分を満たしてくれる存在ではないと思っています。恋人と自分とのかかわりのなかで、自分が自ら満たされることはあっても、恋人が外から直接自分の足りない部分、寂しい部分を満たしてくれるのではないという感覚です。

二村ヒトシ『なぜあなたは「愛してくれない人」を好きになるのか』（イースト・プレス刊）によれば、人は誰しも生まれ育つなかで一人ひとり違う「心の穴」をもつようになるそうです。人は恋をするとつい、相手が自分の寂しさや「心の穴」を満たしてくれると思い込みがちなのですが、実際には、恋人は自分の心に空いた穴を満たしてくれる存在ではないし（自分の心の穴にぴったり嵌まる他人などいない）、そのように恋人や恋愛感情を使おうとすることはお互いを傷つけるということが書かれています。

わたしも、自分の心にはわたし独自の「心の穴」が空いていると思っていますし、そのせいで寂しさを感じたりすることがあるのも事実です。ただし、同時に複数の人とお付き合いしているからといって、わたしが他の人に比べてとりわけ寂しがりやというわけではないと思っています。むしろ、ひとりきりで過ごす時間も好きな人間です。ひとりでカフェで本を読んだり、美術館や演奏会に行く時間も大切にしています。

いろいろなポリアモリー当事者がいるとは思いますが、わたし自身は、寂しいからポリアモリーな生き方をしているというより、寂しさまで含めて向き合う覚悟があるからこそ、ポリアモリーな生き方をしているのだと思っています。

逆説的な言い方に思えるかもしれないのですが、わたしはポリアモリーであることをオープンにしようと決めたとき、同時に「ひとりになってどんなに寂しくても生きていこう」ということも心に決めました。ポリアモリーをカミングアウトし、そういうわたしを受け入れようとしてくれる人とだけお付き合いをしていく。もしかしたら、誰からも受け入れられなくて、ひとりぼっちになって、最終的には孤独死するような、他人から見たら「寂しい」人生になるかもしれない。それでも、一度きりの人生、自分に正直に生きたい、そう考えています。

カミングアウトには覚悟は必要です。

おおげさですが、まわりに誰一人同じような人がいない（少なくとも、見つけられない）状況で、自分だけがポリアモリーをオープンにすることは、当時のわたしにとってはこのくらい悲壮な覚悟をもって清水の舞台から飛び降りるような一大決心でした。いま振り返ってみれば「なにもあそこまで思い詰めなくても……」と苦笑いも浮かぶというものですが、まったく新しい状況に（しかもまわりに同じような人や理解者もいない状態で）飛び込むというのは、飛び込んだあとの実感に比べてみればはるかに不安でリスキーに思われるものです。

とはいえ、少なくともあのとき心に決めた「孤独になるかもしれない」「それでも自分だけでも自分の選択を肯定していたい」という気持ちがいまでも根っこにあるからこそ、その後も恋人たちとオープンに付き合い、ときにはケンカしたり泣いたりしながらも合意を目指して粘り強く向き合うという生き方を続けてこられているのだと思います。

ポリアモリーはまだまだ認知度も低く、人の愛し方・人との付き合い方として社会に知られていないように思えます。いままでの「複数の人と同時にお付き合いする」というライフスタイルは、基本的に相手にオープンにされない「浮気」「二股」などといった倫理的にネガティブなものしか知られていなかったために、ポリアモリーも浮気や二股と同じものと思われ、非難を受けることもしばしばです。だからこそ、いまの社会のなかでポリアモリーをカミングアウトすることには、痛々しいくらいの強い覚悟をもたざるを得ません。けれど「恋人がひとりでも3人でも0人でも、関係者全員が合意しているパートナーシップであれば、無関係な第三者は非難しない」という社会になれば、ポリアモリー(だけでなくLGBTなどのマイノリティも含めて)をカミングアウトするのにここまでの精神的な強さは必要なくなるのではないでしょうか。

ポリアモリーって心の病気なのでは？

あまりにも寂しさに弱い人には向かない

ポリアモリーには心を病んでいる人もそうでない人もいると思います（もちろんモノガミーにも、心を病んでいる人もそうでない人もいるのと同じことです）。今回はそのなかで「心を病んでいる人のポリアモリー」について考えてみましょう。

複数の人を同時に好きになる性質であることと、ポリアモリーなライフスタイルを実践することは、相関はあるものの、異なる事柄だととらえています。

複数の人を好きになる性質というのは、生まれつきであれ、人生のどこかのタイミングであれ、誰でももつ可能性があるものだと思います。たとえいままでの人生で複数の人を同時に好きになった経験がなかったとしても、これからもそういうことが絶対にないとは言いきれません。しかし、複数の人を好きになる性質の人が誰でもポリアモリーなライフスタイルを安定的に続けられるかといえば、そうとは限らないと思っています。

そもそも、複数の人を好きになる性質の人とひとくちにいっても、各人がどのような付き合い方を望むかは人それぞれ。自分の（そして相手の）選択として、たとえば3人を同時に好きになっても「付き合うのはひとりとだけ」という人もいるし、「誰とも付き合わない」という人もいるでしょう。

そういったさまざまな複数の人を好きになる性質の人のなかで「関係者全員の合意のもとで、複数の人と同時にお付き合いをする」のが、ポリアモリーなライフスタイルを選ぶ人ということになります。ただ、そのお付き合いがなかなかうまくいかない人もなかにはいます。

この、ポリアモリーな関係を始めても安定的には続けられない人たちのなかに、心の病気を患っている人たちが一定数いるのではないかと個人的には思っています。

具体的にいえば「あまりにも寂しさに弱い」人には、安定したポリアモリーは実践しにくいのではないでしょうか。

実際、わたしのまわりのポリアモリー当事者にも、極度に寂しがりやの人たちはいますし、そのなかには心の病気を患っている人もいます。ただ、これはあくまでもいままでわたしが見聞きしてきた個人的な経験のなかでなのですが、彼らのポリアモリーとしての恋愛模様は決して順風満帆とは言いがたいように思えます。たとえば、恋人の数が非常に多かったり、あるいは恋人がかなりの頻度で増えたり減ったり、恋人たちとのあいだでぶつかり合いが絶えないなどといった状況を目にすることがあります。

心に抱えている寂しさの深度

わたしがお付き合いしていたBさんは、寂しがりやな人でした。彼がわたしと付き合いだして1カ月もしないうちに新しい恋人をつくったとき、わたしは「自分は彼にコレクションされるトロフィーのひとつにすぎないのだろうか……」と悩みましたが、Bさんのふるまいを見つめていくなかで、彼が心に抱えている寂しさがどれほど深いか、少しずつわかってくるような気がしました。

また、Bさんはときにわたしのことをないがしろにしたり、メタモア（恋人の恋人）と比べて貶めるような発言をしてわたしを嫉妬させたり傷つけたりすることもありました。

それはいま思えば、彼の自分自身を肯定する気持ちが弱かったのか、わたしを含めた恋人たちから自分が「愛されている」ということになかなか自信がもてず、「見捨てられるのではないか」という不安の裏返しで、ついわたしの愛情を試すような行動をしてしまっていたのではないかと思います。

寂しさを人一倍感じやすく、寂しさに人一倍弱い。まるでアレルギーのように、寂しさに過敏に反応し、いても立ってもいられなくなってしまう人はいるものです。そんな「寂しさアレルギー」の人が、自分の寂しさの源泉である心の穴を恋人に満たしてほしいと願うこともあるでしょう。

心の穴が特に大きくて寂しさを特に強く感じている人が、ひとりの恋人では足りずにもっと多くの恋人たちに自分の心の穴を満たしてほしくて、ポリアモリーを始めることもあるかもしれません。

もちろん、複数の人を同時に好きになる人にもいろいろなタイプの人がいて、各人がいろいろなポリアモリーのかたちを望むものですし、そこには正解も間違いもありません。

そもそもその人が複数の人を同時に好きになるかどうかは、基本的にはその人の自認によって決まるもの。安定したポリアモリー関係を築けないからといって、第三者が誰かを「あなたは複数の人を好きになる性質の人ではない」などと決めつける権利はないのです。

とはいえ「寂しいから恋人に自分の心の穴を満たしてほしい」という気持ちに振り回されて恋人を無理に自分の心の穴に詰め込もうとすることは、結果的に相手も自分も苦しめるものですし、ポリアモリーであれモノガミーであれ、その関係性を不安定にしていってしまうのではないかと思います。

同性も恋人になるの？

同性も異性も恋人です

あらためて、わたしにはいま、女性の恋人と男性の恋人がいます。

「それってつまり、バイセクシャルってこと？」ときかれることも多いのですが、自分自身では、自分のことを「パンセクシャル」だと認識しています。

パンセクシャルの「パン」とは、ギリシア語で「すべて」という意味。パンセクシャルとは「全性愛」とも訳され、『女性』もしくは『男性』以外も含めたすべての性別が恋愛対象となる人」のことを指す言葉です。２０１５年にアメリカの歌手マイリー・サイラスがパンセクシャルであることをカミングアウトして話題になったため、ごぞんじの方もいるかもしれません。

パンセクシャルに対して、LGBTの「B」でもあるバイセクシャル（両性愛）とは、好きになる対象の性別が「女性」と「男性」である人のこと。つまり、それ以外の性別（両方の性別をもつ人や、どちらの性別ももたない人）は恋愛対象でないということになります。

わたし自身は、経験上は男性を好きになる割合が多いのですが、女性も好きになりますし、またなにより、トランスジェンダーの人を好きになることがよくある（女性や男性を好きになるときも、いかにもフェミニンな「メスっぽい人」やマッチョな「オスっぽい人」よりは、中性的・両性的な外見や内面の人を好きになりやすい）ので、自分をバイセクシャルではなくパンセクシャルだと思っています。

不思議なもので、ポリアモリー当事者にはパンセクシャルあるいはバイセクシャルという性指向を自認する方がある程度いるのか、わたし自身は「同性の恋人も異性の恋人もいるポリアモリー当事者」の方に出会うことがときどきあります。興味深いことに、海外のポリアモリー事情も同じ傾向にあるようです。

そして、このようなお付き合いのなかでわたしは、「パンセクシャル（またはバイセクシャル）のポリアモリー」ならでは？　というような悩みを抱えることもあります。名づけて、「同性の恋人VS異性の恋人」問題。

わたしがお付き合いしているパートナー・Fちゃんは、彼女自身も複数の人を好きになる性質の人で、わたし以外の人を好きになることもあります。そしてFちゃんに彼氏ができることもあるのです。

世間の嵐はあるにはある

彼氏と一緒に過ごして幸せそうなFちゃんの話を聞いていると、ときおり、

「Fちゃんはわたしのことを、大切に想ってくれているんだろうか？」

「同性のわたしより、異性の彼のほうが好きなんじゃないのかな？」

「Fちゃんがいつかわたしを捨てて、彼氏だけを選んでしまうのでは……」

などと、弱気が顔を出すこともあります。

理性では、この不安や寂しさをまっすぐFちゃんに伝えてわかってもらえるよう言葉を

つくすこと、彼女が実際にわたしのことや彼氏のことをどう想っているのか確かめることがもっともストレートな方法だということはわかっているつもりです。もし、それで最終的にFちゃんと別れることになったとしても、我慢したり不満を抱えた状態のままで無理に恋人関係を続けるよりは、きちんと話し合ったうえで別の関係性や距離感を選ぶほうが、お互いにとって健康的というものです。

とはいえ、普段これだけ自分自身が「オープンなコミュニケーションがポリアモリーの要」だと主張していても、やはりわたしのなかにも「Fちゃんに捨てられたくない」「Fちゃんの気持ちを知りたいけど、怖くて確かめられない」といった葛藤があるのだということを、しみじみと思い知ります。

また、「もし将来Fちゃんが結婚や出産を望んでも、男性でないわたしは法律的にも生物学的にも彼女の望みを叶えることができないし……」「やっぱりヘテロセクシャル（異性愛）にもとづいたカップルのほうが、世間的にもマジョリティだし、彼女も普通に幸せになれるのでは……」という、自分自身のなかに刷り込まれたヘテロセクシズム（異性愛主義）に、自分自身が苦しめられてしまっている部分もあります。

いつもはセクシャルマイノリティである自分やポリアモリーである自分のことを受け入

れて肯定しようとしていても、そのような自分をオープンにして発信していても、生まれたときからわたしたちに当てられてきた「ヘテロセクシズム」や「モノガミー規範」という世間の風は、いつの間にか「『世間一般の人たちと異なる自分』に対する嫌悪感や罪悪感」となって、自らを内側からちくちくと刺すものだと感じている今日このごろです。

友だちと恋人の違いは何？

区別しない考え方もあります

友だちと恋人の違いは、「性的接触の有無」？　それとも「会う頻度」？　友だちとは月に1回くらい会えば満足だけど、恋人とは最低でも週に1回会いたいなど。友だちと恋人の違いに関連して、ドラマや小説などの主人公が、自分の友だちが他の人と仲良くしているのを見て嫉妬心や独占欲を感じたことで「この気持ち……もしかして、恋?!」と気づく……みたいな展開ってあるあるだし、「男女のあいだに友情は成立するか？」という議論もよく聞かれますよね（もちろんヘテロセクシャル（異性愛）の文脈においてですが）。

また、「友だちは複数いるけど、恋人はひとりしかいないもの」と考える人もいることでしょう。

わたし個人は、友だち（に対する友情）と恋人（に対する恋愛感情）とに根本的な違いがあるとは思っていません。というより「どうして友だちと恋人とを区別する必要があるのかわからない」といったほうがより正直な感覚かもしれません。

まず、男性も女性もそれ以外も、すべての性別の人が恋愛対象となるパンセクシャルであるわたしにとって「同性だから友情、異性だから恋愛感情」という区別は当てはまりません。

独占欲はそもそも誰に対しても感じたことがないし、嫉妬心はなくはないけれど、恋人だけでなく友だち関係のなかにも嫉妬は生まれ得るものだと思っています。

さらにわたしの場合、友だちも恋人も複数いるので、「複数か、ひとりか」というようにそれらを区別することもできないのです。

「恋人とは性的接触をもつものだけど、友だちとはもたないもの」「相手とセックスしたくなったら、それは相手に対する恋愛感情でしょ?」という意見もよく耳にします。確かにそういう考え方・感じ方の人もいますが、わたし自身は、性欲は友情や恋愛感情ともちろん相関もするものの、根本的にはまた別のベクトルをもつ感情だととらえています。友情や恋愛感情とは関係ないところで、相手にムラムラすることもあるのです。

毎週のように会っても恋人ではないのです

ちなみに、恋人Aさんとは付き合って3年経ったころからほとんどセックスをしなくなったし、Fちゃんとも性的な接触はありません（でも、一緒にお風呂に入ったりハグしたり、そういうスキンシップはとても好きです）。またそれ以外に「お互いに好意があってセックスもするが、恋人同士にはならないことを合意している、両想いの『友だち』（としか表現のしようがない相手）」もいるので、ますます友だちと恋人の違いがよくわからないのです。

そういえば最近、頻繁に会う友だちがいるのですが、その話を知り合いにしたところ「毎週のように会ってるって、もう付き合ってるようなものじゃない！」と言われ、「え、頻度の問題なの?!」とびっくりしました。こんなときいつも思うのですが、「付き合う」とか「恋人」って、本当に何なんでしょうね……。

わからないなりにあえてわたしにとっての友情と恋愛感情とを区別するなら、それはグラデーションの濃淡のようなものでしょうか。同じ相手に対して、友情のような気持ちを感じることも恋愛感情のような気持ちを感じることもあるし、その感情の比率は人によって違います。たとえば、「あの人には80パーセントの恋愛感情と20パーセントの友情を感じるけれど、この人には40パーセントの恋愛感情と60パーセントの友情を感じる」といった具合です。

さらに、それらの感情は波のように変化することもあり、「先月はあの人に恋愛感情（というか、激しい好意）を感じていたけれど、最近は友情（穏やかな好意）を感じている」ということもよくあります。

総じて言えば、他人に対する感情に「友情」や「恋愛感情」というカテゴライズがあるのではなく、厳密には個々人に対する感情はひとりずつ異なるし、同じ人間に対する感情もそのときどきによって異なるものなのです。

また、出会った瞬間に、たとえば外見から「この人は友だち枠」「恋人枠」と相手を見極める人もいると思います。

わたしは友だちと恋人の区別をしないので、相手にそういった肩書きを自分からつけることはなく、基本的には誰に対しても「友だちでも恋人でもよい」というスタンスで接します。ただし、「この人わりと好き」「めっちゃ好き！」「あんまり興味ない……」などの、自分が感じる「好意のグラデーション」の感覚には敏感なつもりです（と言いつつ、何とも思っていない相手からでも好意を寄せられると、だんだん好きになっていってしまうところは、我ながらほれっぽいなぁと思うところですが……）。

もちろん、「めっちゃ好き！」な相手とは両想いになりたいものだし、一生懸命口説いたりデートに誘ったりします。けれど、「恋人になりましょう」という告白をすることはまずありません。「同じくらいの両想い」になれるのなら、その関係性の名前が第三者的に見ていわゆる「友だち」になるか「恋人」になるかは、正直わりとどうでもいいのです。

もしかしたら、友だちと恋人の違いを明確にしたい人は、「わたし」と「あなた」という当事者同士がお互いのことをどう思っているか以上に「世間からこの関係をどうとらえられたいか」という意識があるのかもしれません。わたしはそこに興味がない人間なので、その区別の必要性がわからないのかもしれないですね。

デート代、大変ですよね？

お金はかかります。大変です。

シンプルに考えれば、恋人がひとりの場合に比べて、お付き合いにかかるお金は2人なら2倍、3人なら3倍という計算になります。

ポリアモリーには、リソースが必要です。

ここでいうリソースとは、いわゆる「資産」「資源」のことだけを指すのではありません。ポリアモリーなライフスタイルを安定した状態で継続的に営むには、大きくわけて、ハードウェア的なリソースとソフトウェア的なリソースが必要だと思っています。

ハードウェア的なリソースとは、たとえばお金、たとえば時間。場合によっては、どんな場所にどんなかたちで住んでいるのかも、問題になるかもしれません。

もしも複数の恋人たちと離れて暮らしている場合は、デートするだけでも大変です。わたしは関東でも都心にアクセスのよい土地に住んではいますが、Fちゃんの家までは電車を乗り継いで2時間近くかかります。Aさんとはいまでこそ一緒に暮らしているものの、関東と九州とで遠距離恋愛をしていたころは、経済的にも時間的にも、月に一度飛行機で会いに行くのがやっとでした。

ちなみに今年のバレンタインは、恋人や片想いの相手もひっくるめて、好きな人たち全員に買ったチョコレートの総額が2万円を超えました。クリスマスや誕生日もありますから、お金がどれくらいかかるかは推して知るべしといったところです。

一方のソフトウェア的なリソースとは、たとえば自分の気持ちや考えを言葉で説明し理解してもらう力、相手の気持ちや考えを理解する力、マルチタスクをマネジメントする能力、アサーティブネス……などといった、知的・精神的な力のことです。

こういった精神力に関しては2倍・3倍どころか、恋人が2人なら2乗、3人なら3乗のエネルギーを要するという感覚です。

「複数の人と同時に、全員の合意のうえでお付き合いをする」ことには、このように精神力だけではなくもっとさまざまな「リソース」がいると考えています。

経済力だけではない大切なこと

恋人が3人いても5人いても、自分のお財布事情には限りがあるし、自分の1日は24時間しかありません。どんなに恋人たち全員を深く愛していても、恋人の数が多いほど、一人ひとりに割けるリソースは少なくなります。もちろん、恋人たちと過ごすばかりでなく、ひとりの時間を大切にしたい人もいるでしょうし、恋人以外との人付き合いを楽しみたいこともあるでしょう。でも、リソースは有限なのです。

ただし、お金があったほうがポリアモリーを実践しやすくなる（人もいる）とは思うものの、お金がなければお付き合いはできない！　と言いたいわけではありません。お金は、それなりにあったほうが便利だったり楽になったりもするけれど、それがお付き合いの本質ではないのです。お金があればあるほど恋人を増やせると考えてしまうと、それは関係性をお金で買うような「勝ちまくり！　モテまくり！」のハーレム思想につながりかねないと思っています。

経済力に限らず、「ポリアモリーを実践するのに必要な資格」があるわけではないし、「これができない人はポリアモリーを実践してはいけない」と第三者が決めつける権利もありません。しかし、ポリアモリーかモノガミーかに関係なく、他人と親密な関係性を結ぶこと、深くかかわり合いコミットすることは、「お金も使うし、気もつかうこと」であり、「大変だしめんどくさいこと」なのです。

わたしがポリアモリーについて多くの人に知ってほしいとは思っても、実践してほしいと思わないのはこのため。わたし自身は、たまたま複数の人を同時に愛してしまう性質をもって生まれ、少しでも自分と他人を傷つけずに生きたいと悩んだ末、結果的に「ポリアモリーという生き方しかできなかった」人間です。こういう自分となんとか折り合いをつけながら過ごしてはいるものの、一度にひとりしか好きにならない性質をもったモノガミーのほうが……あるいはむしろ、誰も好きにならないほうが、〝低コスト〟に生きられるのではとときには考えます。

とはいえそのめんどくささが、わたしにとっては、なにより人生を豊かにしてくれるものであることも事実。恋愛って、ポリアモリーってめんどくさくて大変……と言いつつも、これからもわたしは誰かに恋をすることをやめないし、やめられないのだと思います。

第5章

ポリアモリーカップル考

ポリアモリーは普通の人にアプローチしてはダメ？

ポリモアリーはお付き合いする人を考えるべき？

一度にひとりとお付き合いをするライフスタイルを「モノガミー」といいます。

わたしがインターネットで見かけているのは、このようなひとりだけを好きになる性質をもった人と、一度に複数人を好きになる性質をもった人とがお付き合いをすると、ひとりだけを好きになる性質の人の側が苦しむことになる、だから、複数の人を好きになる性質の人はひとりだけを好きになる性質の人を口説いたりアプローチしたりするべきではない……という主張です。

まず、「複数の人を好きになる性質の人はひとりだけを好きになる性質の人に恋愛的アプローチをするべきではない」が主張されるときには、同時に「ひとりだけの人は複数人の人に恋愛的アプローチをするべきではない」という主張もされることになると思います。そしてそのためには前提として、モノガミー当事者であると決めつけられることがなく、ポリアモリー当事者であることが非難されることのない世界、つまりポリアモリーとモノガミーとが倫理的な優劣なく平等に認知されている世界が必要ではないでしょうか。「そもそもポリアモリー当事者であることをオープンにしないと、モノガミー当事者だと思われる」「けれどポリアモリー当事者であることをオープンにすると非難される」という状況で「複数の人を好きになる性質の人はひとりだけを好きになる性質の人に恋愛的アプローチをしない」というのは、複数の人を好きになる性質の人の側だけに対する制限になってしまいかねません。

これをLGBTの問題になぞらえると、「同性愛者であることを言わないと、異性愛者であると思われ、異性から望まない恋愛的アプローチをされる」「同性愛者であることを言うと、差別やヘイトにさらされる」という状況が起こり得るということです。

この問題の根本には、あるひとつの価値観だけが世間に認知されている、あるいは正しいとされているということがあると思います。

「外国人である」「高齢者である」などの見てわかる違いならまだしも、その人の価値観や性質を外から見てとるのは難しいものです。ポリアモリー当事者であれＬＧＢＴであれ、「自ら主張しないとその存在を認知されず『いない』ことにされてしまうけれども、主張することによって別の不利益をこうむる」という悩ましさがそこにはあるのです。だからこそ、「他人を見た目で判断しない」という考え方が必要になる……のですが、そうは言っても、自分のなかに根づいている先入観はそもそも自覚することすら簡単ではありません。リアルな意味で「多様性を尊重する」のがいかに困難か、この原稿を書きながらもひしひしと感じます。理想論を語るのは簡単なのですが……。

価値観というシンプルな違い

とはいえ、わたしはポリアモリーとモノガミーとのあいだの不均衡に対するアファーマティブ・アクション（格差や不利益を是正するための積極的な優遇措置）が必要だと言いたいのではありません。そもそも、「ポリアモリーとモノガミーの利害は対立する」とひとくくりにとらえられるものでしょうか？

ポリアモリーにもモノガミーにも、本当にいろいろな人がいます。嫉妬する人・しない人、独占欲のある人・ない人、恋に落ちやすい人・落ちにくい人……。そういう人たちは必ずしも相反する二項対立をつくるとは限らないし、人それぞれにグラデーションの濃淡もあります。それに、わたしの恋人のひとりAさんがそうであったように、モノガミーからポリアモリーへとその価値観やライフスタイルが変わっていく人もいるものです。

そもそも、複数の人を同時に好きになる性質とひとりだけを好きなる性質の人間とは相容れないという考え方の背後にある、「異なる価値観や性質をもった人間はお付き合いをすることができない」という前提はどこから来るのでしょうか。

ポリアモリーであってもモノガミーであっても、恋人としてお付き合いをするということは、自分が相手の価値観に100パーセント合わせることではないし、逆に相手を完全に自分色に染めることでもありません。恋人関係に限らず、自分と異なる他人とのあいだに築かれるあらゆる人間関係には、お互いの価値観の違いを知ってすり合わせていくコミュニケーションが欠かせないと思います。

ポリモアリーは特別な付き合い方なの?

ガマンは禁物、ただそれだけ

「複数の人を同時に好きになる性質の人と、ひとりだけを好きになる性質の人がお付き合いするって大変そう……」という意見はよくいただくのですが、現実には、ポリアモリーとひとりだけの人の両方を含む構成のカップルは少なからずいます。そして、ポリアモリーとひとりだけの人とのお付き合いのかたちは必ずしも、しばしば想像されているような「ひとりだけを好きになる側の一方的な我慢」になるとは限りません。

いまでこそ安定したお付き合いを数年間にわたって続けているわたしと恋人Aさんですが、付き合い始めたころのAさんは、じつはとても一般的な恋愛観の持ち主でした。

わたしがAさん以外の人も好きになったり付き合ったりするかもしれないということは最初から伝えていたし、彼もそれを理解していたはずではあったのですが、やはりポリアモリーを言葉だけで知ることと、実際に「自分の恋人が他の人とも恋愛をする」という状況を経験することは、Aさんにとってまったく重みの違う話だったようです。

最初はわたしが他の人とデートすることに我慢していた彼ですが、次第にわたしたちのあいだには言い争いが増え、気まずい日々が続くようになりました。何度も話し合って、わたしたちはいくつもルールをつくりました。たとえば、「デートの前と後には連絡を入れる」「お泊まりはしない」「デートの相手はAさんに紹介する」などなど……。

世間一般の「恋愛ってこういうもの」「お付き合いってこういうもの」はいったん横に置いておいて、自分がどうしたいか、どうしたくないか、相手にどうしてほしいか、どうしてほしくないか、根気強く話をしていったのです。

また彼は、インターネットでわたし以外のポリアモリーの人たちと知り合い、「ポリアモリーである恋人とのお付き合いに悩んでいる」という相談をするなかで、少しずつさまざまなポリアモリー当事者の気持ちや考え方を知っていきました。そして、わたしがどれだけ他の人たちを好きになってもAさんから気持ちが離れていくわけではないことを、彼は徐々に実感して安心していったのです。

お互いのあいだに信頼が積み重なるにつれて、たくさんつくったルールはだんだんいらなくなっていきました。いまではシンプルに「お互いの予定はGoogleカレンダーで共有すること」「言いたいことは、ネガティブなことでも我慢せずに言うこと」だけがお互いの約束です。

よく話す関係がいちばん

もうひとつ、わたしの知っている「ポリーモノ」カップルの話をしましょう。

ポリアモリーな彼は、最初は自分と同じくポリアモリーな女性とお付き合いをしていたのですが、あるとき彼女がもうひとりできました。その2人目の彼女が、ガチガチにひとりだけを好きになる性質の人だったのです。

新しい彼女は、初めはもうひとりの彼女の存在を我慢していましたが、やがて耐えられなくなり大爆発。彼女と別れて自分とだけ付き合うよう彼に迫りました。

彼は話し合おうとしたのですが、感情的になった彼女にその余裕はありませんでした。

ついに根負けした彼は、ポリアモリーな彼女と別れ、もうひとりの彼女と同棲して一対一のお付き合いをすることに……。しかし、元カノたちとはもちろん女友だちと連絡をとることもいっさい禁じるばかりか、すれ違った女性にふと目がいくだけでも怒り狂う彼女に、彼は少しずつ消耗していきました。しかも、こういった悩みを相談できる知り合いもほとんどいないそうです……。

いくつか例をあげましたが、他にもいろんな「ポリーモノ」カップルのあり方を見てきたなかでわたしなりに感じた、「ポリーモノ」カップル（というか、あらゆるカップルを含む人間関係）が安定したお付き合いを続けていくために大切なことが二つあると思っています。

まずひとつは、カップル内のコミュニケーションを密にすること。

恋人としてのお付き合いにおいて、あなたが我慢して何もかもパートナーの価値観に合わせる必要はないし、逆にパートナーに我慢させて自分をすべて押し通すことも健康的とはいえません。どちらかが一方的に我慢して不満を溜め込むのでなく、自分の考えや気持ちを伝え、相手の考えや気持ちを理解し、その違いをすり合わせてお互いに合意できるポイントを探してゆくコミュニケーションが欠かせないと思います。

次は、関係性を「密室恋愛」にせず、困ったときには相談できる（もちろん、幸せなときには思いっきりのろけられる）友人をもつこと。

できれば同性と異性の友人、それからポリアモリーの友人とモノガミーの友人がいれば、よりさまざまな意見がもらえると思います。

「恋は盲目」とはよく言ったもので、いい意味でも悪い意味でも、恋愛関係にある当事者たちは、自分たちの状況について近視眼的になりがち。各人の気持ちや事情をくみとったうえで客観的なコメントをくれる解説者的な友人は、大切にしたいものです。

LOVE3・0という価値観

「ねばならなさ」の呪いを削除する社会に

「LOVE3・0」とは、「社会や価値観が大きく変わるなか、祖父母世代（1・0）、父母世代（2・0）と恋愛観・結婚観も変わってきているし変わって当然。ではわたしたち自身で恋愛・結婚スタイルをバージョンアップさせていこう」という意味が込められたイベントタイトルです。

主催は、福岡でイベントのコーディネーターやコラムニストとして活動している須藤美香さん。彼女との出会いは偶然でした。

2016年に九州でおこなわれたLGBTをはじめとするセクシャルマイノリティ（性

的少数者）が、差別や偏見にさらされることなく、より自分らしく生きていくことのできる社会の実現に向けた「九州レインボープライド」というイベントに、「ポリアモリー」のプラカードをもって単独で参加していたわたし。

そのとき「きのコさんですか？」と声をかけてくださったのが、須藤さんだったのです。

わたしの「『ポリアモリー』にいま気になること、ぜんぶ聞いてみた『苦悩の半生、複数人との交際、嫉妬、破局、そして愛』」という以前取材された記事を読んで、わたしをごぞんじだったとのこと。ポリアモリーについて語り合い意気投合したわたしたちは、トントン拍子に「福岡でポリアモリーのイベントをやろう！」という話になりました。

当日の参加者は15人ほど。年齢もジェンダーもセクシャリティもさまざま、ポリアモリーという言葉を初めて聞く方もいれば、自らがポリアモリー当事者だという方もいました。

イベントは「全員でのフリートーク」と「二つのグループにわかれてのテーマトーク」で話をしました。フリートークでは、おもに参加者の方からの質問にわたしが答え、その内容をもとに「ポリアモリーを性教育的にどう説明するか？」など、テーマトークでお互いの考えを話し合うというかたちでした。

次から次へと話が盛り上がるなか、参加者のひとりがこんなモヤモヤについて質問してくれました。

「ポリアモリーが広まると、浮気や二股をしておいてバレると『自分はポリアモリーだから』と開き直る、いわば『自称ポリアモリー』みたいな人が出てくるのでは？」

それに対してわたしは、

「ポリアモリーであるかどうかは、LGBTと同じように、『自分で自分をどうとらえたいか』という『自認』に任せたい。だから、ポリアモリーを名乗って人を傷つける恋愛をする人に『あなたは本当のポリアモリーではない』とか『ポリアモリーはかくあるべきだ』などと言いたくはない。言えるのは『恋愛のかたちは多様だが、人を傷つける恋愛やセックスであってはならない』ということではないか」

という話をしました。

これは非常によくいただく質問なのですが、ポリアモリーについて考えるうえでもっとも難しい問題のひとつではないかと思っています。

以前の須藤さんは、浮気はあり得ない、「一対一」のパートナーシップを投げ出すのは幼稚なことだと思っていたそうです。けれど、ご自身の内側の「わたしも、もっと他の人と恋愛してみたい」という欲求に気づき、自分の恋愛観や結婚観、パートナーシップ観を見直すなかで「ポリアモリー」の概念を知り、人や自分を見る目が変わったと言います。

須藤さんと語り合うなかでわたしは、「これは、こういうものでなければならない」という価値観（わたしはこれを「『ねばならなさ』の呪い」と呼んでいます）が、ポリアモリーだとかセクシャルマイノリティだとかいうことに限らず、いかに多くの人を生きづらくしていることか……ということをひしひしと感じました（もちろん、「これは、こういうものだ」というお手本的価値観によって生きやすくなる人もいるので、一概にはいえないのですが……）。

自分らしく生きるには

「お付き合いは一対一でするもの」「人間は異性を好きになるもの」「子どもは血のつながった両親が育てるもの」……。

たくさんの「常識」と呼ばれるものを「それって、どうしてそうじゃないといけないいんだっけ？」と立ち止まって考えてみる。そうして自分の生き方に合う常識と合わない常識とを取捨選択していくと、ポリアモリーなライフスタイルで生きるかどうかも含めて、自分の人生を自分好みにカスタマイズすることができる。

こうやって自分の好みに合わない「ねばならなさ」を「アンインストール」していくことが、自分らしさ・生きやすさにつながっていくのではないかなと感じました。

最後にひとことと言われて話したことを、ここにあらためて書いておきたいと思います。

「ポリアモリーという言葉は、いつか発展的になくなっていけばいいなぁと思っています。人をどのように好きになるかならないか、どのようにお付き合いをするかしないかには、本来は人それぞれで、正解も間違いもないはず。『みんな違って、みんないい』が理想ではありますが、そこへ至るためのプロセスとして、いったん、ポリアモリーという倫理的にニュートラルなカテゴライズが意味をもつのだと考えています。いつか、恋人がひとりでも、3人でも、0人でも、誰もそれを非難しないような世界になれば、ポリアモリーという言葉は必要なくなると考えています」

今回、須藤さんや参加者の方と居心地のいい時間をご一緒できたのは、わたしにとってとても幸せなことでした。

自分の恋人たちが顔を合わせたら

自分と、自分の恋人と、恋人の恋人が一堂に会するってどんな感じ？　あるいは、自分と、自分の恋人たちが顔を合わせたら？　どんな会話をして、どんなことをするんだろう……と疑問でいっぱいだったり、興味津々だったりする方もいるのではないでしょうか。

失敗例をまずひとつ

最初に、わたしの昔の恋人が我が家にいたときの話をしましょう。

そのころ東北に住んでいたGちゃんは、夏休みを利用してわたしとAさんが暮らす家に滞在していました。Gちゃんの他のパートナーたちや友だちも我が家に顔を出しては、皆で料理をしたりじゃんけんでゴミ捨ての順番を決めたり、まるで部活の合宿のような共同生活。Gちゃんの親御さんが我が家へ遊びに来たこともあります。

Gちゃんとさんのあいだには、まったくと言っていいほど「きのコの恋人同士」であることについてのライバル心や嫉妬心はありませんでした。おそらく、わたしたち3人が以前からSNSでつながっていたからかもしれません。3人で過ごしているときも、カップルというよりは、「ポリアモリーについて自由に語り合える仲間」という感覚があって、それが心地よさにつながっていたような気がします。

Gちゃんとはその後恋人関係を解消しましたが、いまでもいい友人として、大切に想っている人のひとりです。

とはいえ「わたしと、恋人と、恋人の恋人（メタモア）」の3人が、必ずしもいつもハッピーに過ごせるとは限りません。

その日、わたしは仕事でミスをし、いつもより長めに残業して疲れていました。玄関のドアを開けると、Aさんは遊びに来ていたHちゃんと飲んでいるところでした。そのころAさんはHちゃんと仲がよく、彼女は我が家を頻繁に訪れていたのです。

わたしがまだコートを脱ぎかけているところに、酔って顔を赤くしたAさんが話しかけてきました。

「きのコさん！　じつは俺、Hちゃんと付き合うことにしたんだ！」

わたしはそれを聞いたとき、なぜだか何ともいえずイライラして、つい「そんな話、いま聞きたくない」と、AさんとHちゃんに対して言い放ってしまったのです。

Aさんは明らかにムッとした表情になり、Hちゃんは黙ってうつむいてしまいました。

「聞きたくないって何？　その言い方はないんじゃないの。大事なことだから、早く伝えたほうがいいと思ったのに」

「でも、わたしは今日疲れてるし、そういう話を聞く気分じゃないの。なにより、大事な話なら酔ってないときにしてよ……」

と、Aさんとわたしはケンカになってしまいました。いま思うと、目の前で恋人とメタモアに言い争いをされたHちゃんは、さぞかしいたたまれなかったと思います。

後日、HちゃんはAさんとわたしに、それぞれの好きな色のミサンガを編んでくれました。Aさんもわたしも、そのミサンガが切れるまで大切に足首につけていたという思い出です。

「みんなで仲良く」に萌え

わたしとAさんと元恋人のBさんも、わたしとBさんがまだお付き合いしていたころ、3人で一緒に過ごしたことがあります。

仲間うちの飲み会に遅れて来たBさんを迎えに行って会場に連れて戻るときのわたしは、「AさんとBさんは仲良くしてくれるかな……」という不安と期待で胸がいっぱいでした。

皆にわたしが「Bさんが来たよ」と声をかけると、真っ先にAさんが「Bさん、はじめまして！」と迎えてくれました。Bさんも「Aさんですか！　はじめまして」とうれしそうに挨拶するのを見て、すごくほっとしたのを覚えています。

深夜まで飲み会は盛り上がり、わたしたち3人は途中で煙草を吸いに抜け出しました。不良中学生みたいに灰皿のまわりに座り込んで煙を吐き出しながらとりとめもない雑談を交わしていた、あの時間がBさんと過ごしたなかでいちばん幸せを感じた瞬間だったことは間違いありません。

わたしの感覚でいうと、ポリアモリーなカップルが3人以上で一緒に過ごすとき、特にまだ顔を合わせてから日が浅いうちの「皆で仲良くできるかな……」とドキドキするあの感じは、両親に恋人を紹介するときにちょっと似てると思います。

実際に仲良くなれると、自分と恋人の2人のあいだで感じるのとはまた違う、何ともいえない喜びを感じます。恋人とメタモアが幸せそうにしていると、「コンパージョン」という何ともいえない感情がわくこともあります。また、自分の複数の恋人たちがお互いに仲良くしているのを見ると、「自分の好きな人と好きな人が楽しそうにしているのを眺めるって、なんて楽しいんだろう……！」と感じます。

なんというか、「萌え」に近い感覚かもしれません。

逆に、自分とメタモアとが仲良くなれないと、あるいは自分の恋人たちがいがみ合ってしまうと、引き裂かれるようにつらいものです。

一対一のカップルなら、気持ちのベクトルは「相手→自分」と「自分→相手」の2本。それが3人カップルになると、ベクトルが一気に6本へと増えるのです。これらすべての関係性が安定した状態で過ごすのは2人カップルのときよりずっと難しいということが、わかっていただけるのではないでしょうか。

苦しい規範から解放されるには？

仲間と語り合うのがいちばん！

宗教上の理由で、「結婚するまでセックスしてはならない。もちろん、結婚したら配偶者としかセックスしてはならない」という厳しいモノガミー規範のなかで育てられた方がポリーラウンジに来たことがあるのですが、彼は青年期に愛とは何かについて考えるなかで、自らの家が信仰する宗教の語る「本当の愛」のかたちに違和感を覚え、その後ポリアモリーの概念に出会ってそのライフスタイルを実践するようになったという方がいました。

そこまで強いモノガミー規範を生まれたときから教えられていても、人は自らの思想と意志で別の価値観をもち、あるいは出会うことができる。

モノガミー規範は「決して覆されない、一枚岩のように強固な概念」ではなく、相対化することはできるし、そのことによって救われる人もいるということを知って強い感銘を受けました。

お互いの違いを認め合う大切な時間

千葉でポリーラウンジを共催してくれたカルロスさんと語り合った話も印象的でした。有名大学のラグビー部を卒業して入社した証券会社を1カ月で辞め、以後全国を放浪したり各地で農業の手伝いをしたりウェブデザインの教室を開いたりしながら暮らしているカルロスさんは、自身を「『高学歴無職』というマイノリティ」だと言います。「誰のなかにもマイノリティ性とマジョリティ性とがある」というのは、わたしとカルロスさんがとても共感し合う部分です。

また、ポリアモリーなライフスタイルを実践している、あるいは実践することに合意を得ている既婚の参加者が多かったことも印象的でした。わたしがポリアモリーについてカミングアウトし始めた数年前には、ポリーラウンジを開催しても当事者はわたしひとりというのが当たり前だったのに、やはり概念が知られてきているのではないかと思います。

参加者からは、こんな感想を聞くことができました。

「ポリアモリー当事者でも、恋人が3人いる人や、既婚者でもお互いにオープンマリッジ（配偶者の合意のもとに、婚外に性愛関係をもつ婚姻関係のこと）を実践している人や、彼氏と彼女が両方いる人など、それぞれぜんぜん違っていて面白かったです。でも、皆がお互いの違いを認め合っているのがとても心地いい場でした」

どうすれば恋人ができますか？

出会いがないんです。

よくこんな言葉を投げかけられることがあります。

「どうすれば恋人ができますか？」

「きのコさんはどういう場所で出会ってきたんですか？」（正直、わたしがいままさに片想いをしている当の相手から先日こう言われたときは、フラグを立てられてるんだか折られてるんだかわからなくて呆然としたのですが……）。

「そういえばわたしっていつどんなときでも誰かしらに恋しているな……」と自分でも思います。

そんな話をすると必ずと言っていいほど「うらやましい！　出会いが多いんですね！」というコメントから、冒頭の「わたしなんて、ぜんぜん出会いがなくて……」という話につながるのですが、「出会いがない」とは、どういうことなのでしょう。

もしかして、街角で食パンをくわえた転校生とぶつかるのを、あるいは空から飛行石をもった女の子が降ってくるのを、みんな待っているのでしょうか？

わたし自身は、自分がいつも恋をしているのは、単に「出会いの数を増やしている」かつ「他人を『素敵だな』と思うハードルが低い」からだと思っています。

待っているだけで「出会い」がわんさか降ってわいてくる、なんてことはまずありません。一度きりの短い人生、出会いがほしいなら、待っているより探しに行く（出会いの数を増やす）ほうが楽しいのではないでしょうか。

特にわたしはこらえ性がなくて、受け身で待っていることにすぐ退屈してしまう人間なもので、どうにもすぐに自分から宝探しの冒険に飛び出してしまうタイプなのです。

やっぱりネットのおかげかな

ちなみに、わたしの「出会い方」は、そのほとんどがインターネットをきっかけとしたものです。

ポリアモリーやLGBTの話題、趣味にしているサバイバルゲームやボルダリングの話題など、自分が興味をもっているコンテンツについて、同じ嗜好の人が集まるコミュニティをSNSで見つけて参加します。そしてオフ会など、そのコミュニティのなかの人と実際に対面で会える場に出かけていくのです。

SNSがこれだけ当たり前に使われているいまでは、もはやめずらしくも何ともない方法ではありますし、現代ではインターネットを使えば見つからない相手はいないと言っても過言ではありません。

また、地域コミュニティサービス「ミートアップ」も利用しています。ミートアップにはたとえば「TOKYO Polyamory & Open Relationships Social Group」というグループがあり、月に1回くらいの頻度で、ディスカッショングループミーティングをおこなっています。20人くらいが貸切のレンタルカフェでお茶やお菓子をつまみながら、自由な議論を交わすイベントです。

それで、「あ、なんかこの人とかかわり合いになると、面白いものが見れそう」と思えば、それがもうわたしの「出会い」。ものすごくハードル低くとりあえずご飯に誘います。

ちなみに、初めてサシで会うときは「月曜から木曜までの平日ディナー、2軒目はなし」のシチュエーションを設定することが多いです。お互いのことをまだよく知らないのに長時間を2人きりで過ごすと、緊張して疲れたり話題がつきて空気が冷めたりすることもあるものですが、一般的なカレンダー通りの勤務であれば「明日も仕事だし……」ということで2、3時間でサクッと切り上げることができるという考え。もちろん、シフト勤務の人も「明日は仕事」という日を設定すればいいというわけです。

ところで「出会い」の場といえば「合コン」を思い浮かべる人も多いと思うのですが、残念ながらわたし自身は、合コンで出会った人と恋人同士になった経験はありません。「恋愛が生まれることを前提として（少なくとも期待して）初対面の人と接する」というシチュエーションを、どうにも張り合いがないものに感じてしまうせいでしょうか。

それよりも、偶然の出会いのなかにふと訪れる「あ、この人、なんかイイかも」という瞬間がすごく好きなのです。

「他人を『素敵だな』と思うハードルが低い」というのは、こういう意味です（まぁ、カッコよく言っていますが、要はものすごくほれっぽい奴ということです）。

他人を「素敵だな」と思う瞬間が好きで、その瞬間をたくさん味わいたいと思っているので、自然と他人の素敵なところに対するアンテナが鋭くなっているような気がします。

その「なんかイイ」が友情か、恋愛感情か、性欲かはわからないし、そもそもわけなくてもいいと思っています。

「この人、なんかイイ」を、あせって「この人と『恋人』になって『恋愛』をする」というひとつのかたちに落とし込むのではなく、「わたしはこの人とどんな関係性をつくったらハッピーかなぁ？」ということをじっくり考えていく時間がわたしにとっての「出会い」の醍醐味なのです。

そうやって小さな「なんかイイ」をいくつも見つけてゆっくり育てるのが、わたしの途切れない「出会い」のタネなのかもと思ったりしています。

同棲解消の話って出たことないの？

明日からでも別々に暮らせるにしておこう

もし、同棲は解消する！　となるなら、それはAさんが私に依存しなければ生きていけなくなったとき。とりわけ、Aさんが私に経済的に頼りきりになったら、Aさんも私も、人間としてダメになると考えています。

ちなみにお金のことについては、できるだけ家計をわけています。家や水道・電気などは私名義の契約なので、いったん私が払ってから折半にしていますが、それ以外の携帯料金や交際費などは個人管理です。2人でデートに出かけても、誕生日など特別な日をのぞけば支払いはワリカン。

「自分で稼いだお金は自分の自由に使う」が基本なので、お互いが自分の趣味や他の人とのデートにどれだけお金をつぎ込んだとしても、目くじら立てずにいられるのです。

また、家のモノを買うときは、支払った人に所有権（つまり最終的にそれを捨てたり売ったり、処分する権利）があるということにしています。ソファやテレビなど2人とも使うようなモノをお金を出し合って買うときもあるのですが、その場合も所有権をどちらかに決めます。

そうでないと、万が一別々に暮らすことになったときに面倒だと思うからです。

具体的なことをいえば、私は仕事の都合で、いつ転勤になるかわかりません。国内ならまだしも、シンガポールやアメリカへ転勤という可能性も常にあるのです。

法的な夫婦であれば家族として転勤先にAさんを帯同することは会社から認められますが、私はパートナーたちに対して法的に対等に扱いたいという気持ちがあるので、Aさんとも誰とも法的なパートナーシップを結ばないことを合意しています。それに、そもそも会社の制度を利用できてもできなくても、転勤するときに「Aさんも一緒に来る」「Aさんと離れて暮らす」という選択肢を、完全にイーブンなものにしておきたいのです。

Aさんと私の2人暮らしのなかで、大切にしていることがひとつあります。それは、

「明日からでも別々に暮らせるような私たちでいよう」ということです。

逆説的なのですが、「明日から別々に暮らすことになっても、お互いに生きていけなくなったりしない」私たちだからこそ、お互いの意志として積極的に「一緒に暮らす」ということを選択しているととらえられるのです。Aさんとの2人暮らしに関しては、「こうしなくても大丈夫だけど、それでもこうしたいから、こうする」というあり方でいたいと考えています。

同棲相手以外から一緒に暮らしたいと言われたら

ポリアモリーとして複数の人とお付き合いをしていくなかで、もしAさん以外の恋人から「きのコさんと一緒に暮らしたい」と言われたら?

これは、わたし自身もときおり考えたり、Aさんと話し合ってみたりしていることです。考えられる選択肢は三つ、ですよね。

1　Aさんとの同棲を解消し、他のパートナーと同棲する。

2　Aさんとの同棲を解消せず、他のパートナーとも同棲する。

3　Aさんとの同棲を解消し、ひとり暮らしをする。

もちろんこれは、実際にその状況になってみないとわからないことですが、この三つの可能性を最初から捨てるのではなく、一つひとつ「こういうやり方って、どう思う？」「ここをこうしたら、うまくいくんじゃないかな」などと話し合って、お互いの合意を目指していくことがなにより大切だと考えています。

昔お付き合いしていた元パートナーのBさんに、「D（Bさんのもうひとりのパートナーで、きのコのメタモア）ときのコさんと、1週間ずつ代わるがわる一緒に暮らしたい」と言われたことがありました。

わたしとしては、いわゆる「別宅」をもつのがいちばんいい方法かなと思います。Aさんと暮らしているのとは別の場所に、「Bさんと一緒に過ごす用」の別宅をもつ。BさんもDちゃんとの家を別にもっていて、わたしとは別の場所で一緒に暮らしているというかたちです。

もちろんお金はかかるし、移動など少々あわただしいことになるとは思いますが、要は家族と離れて単身赴任しているお父さんや、実家を出てひとり暮らししている学生のようなもの。週末婚・別居婚など、生活の拠点がひとつではない家族のかたちも増えている昨今では、意外といちばん現実的な方法ではないかと思います。

もし複数のパートナーたちと、2人きりの時間も大切にしつつ各人と一緒に暮らしたいと思ったら、いちばんいいのは「同じマンション内に複数の部屋を借りて、それぞれのパートナーと暮らす」ではないかと半分冗談・半分本気で考えたりしています。

ポリアモリーに関する本はありますか？

互いに向き合い交渉することを教えてくれる

タイトルは『ポリアモリー　複数の愛を生きる』。おもにアメリカにおけるポリアモリーの現状を紹介するという内容の著作です。

著者は、一橋大学の社会人類学者・深海菊絵さん。ポリーラウンジにも参加されたことがあり、わたし個人も彼女からインタビューを受け、その内容がこの本に反映されています。

また、ポリーラウンジについても取り上げていただいたことで、多くのポリアモリー当事者同士が知り合うきっかけになったと感じています。

わたしがこの本を面白いと思う理由は、「ポリアモリーに関する用語が解説されていること」「〝嫉妬〟についてていねいに論じられていること」「ポリアモリーを〝ライフスタイル〟として論じていること」の三つです。以下、具体的に見ていきましょう。

まず、ポリアモリーに関する用語について。

「メタモア」や「コンパージョン」という概念は重要なものですが、こういった聞き慣れない横文字について、本書ではていねいな解説が加えられています。

ちなみに、「メタモア」とは「自分の恋人の恋人」のこと、「コンパージョン」とは嫉妬の対義語で「愛する者が自分以外のパートナーを愛していることを感じたときに生じるハッピーな感情」のことをいいます。なにもこれが特殊な人間関係や特殊な感情だというわけではないのですが、このように名前がついていることで、理解しやすくなったり、他人に説明しやすくなったりという利点はあると思います。

次に、嫉妬について。

嫉妬はポリアモリーにおけるもっとも大きなハードルであり、この感情にどう対応するかが多くの人にとっての関心事となっています。

この本では、嫉妬を「独占欲からの嫉妬」「疎外感からの嫉妬」「ライバル意識からの嫉妬」「エゴからの嫉妬」「不安からの嫉妬」の五種類に分類してていねいに論じています。

この五つの嫉妬でいうとわたし自身は、恋人がわたしの知らない人と仲良くしていると「不安からの嫉妬」を感じることがあります。自分がどのタイプの嫉妬を感じやすいのか知ったり、それをパートナーやメタモアにも伝えてどうすればいいか一緒に考えたりするためにも、嫉妬の感情を深く掘り下げて理解することは大切だと考えます。

「どう人を好きになるのか」が大切

それから、「ポリアモリーを〝ライフスタイル〟として論じていること」について。

わたしには、この本のなかの「ポリアモリーの実践に必要なのは『理性』『知性』『コミュニケーション能力』」とか、「選びとった家族（family-by-choice）」といった言葉が印象的でした。「あなたは愛する人と『ちゃんと』交渉していますか？」という言葉にも、ハッとさせられました。

（中略）ルールや約束は決して固定したものではなく、状況に応じて柔軟に刷新されるべきものだという。ルールや約束を守ることは大切だが、より重要なことは、互いに向き合い交渉することなのである。

交渉において理性や感性は対立するものではなく、ともに総動員されるべきものとなる。交渉とは、自分の気持ちを一方的に押し付けることでも、なにもいわなくても自分の気持ちを汲み取ってくれ、という相手任せの態度でもない。期待や希望、葛藤や悩みを伝えながら、自身をパートナーに素直に差し出すことである。そして、パートナーの悩みや葛藤、希望や期待に応答することでもある。

『ポリアモリー複数愛を生きる』（125頁、126頁より抜粋）より

「安定したポリアモリー関係にはコミュニケーションが欠かせない」ということは繰り返し述べてきましたが、この本に出てくるポリアモリーの当事者たちは、悩んだり苦しんだりして試行錯誤しながらも、どこまでも自分の自由と責任とにおいて他人との関係性を選択し構築していこうとしているのだなと感じました。

「ポリアモリーは性質（セクシャリティ）か？　ライフスタイルか？」という議論はよく聞かれますが、この本で紹介されているポリアモリーはあくまでも自らの意志によって選び

とるライフスタイルであり、「複数の人を同時に好きになる性質」のことはあまり描かれていません。

わたし自身は、「自分は望んでポリアモリーになったのではない、消去法でポリアモリーに生きざるを得なかっただけだ」という自認が強かったのですが、この本を読んで自らを振り返るなかで、「自分が『どう人を好きになるか』という性質は選んだものではないが、その性質に沿った生き方は自分で選び、考え、築き上げていけるものだ」と考えるようになりました。

『ポリアモリー　複数の愛を生きる』は、ポリアモリー当事者ではない研究者によって第三者的な視点から書かれた本ということで、ポリアモリーのことを知らない人にとっても、ポリアモリー当事者のわたしにとっても、さまざまな発見があり、説得力をもった良書だと思います。

周囲の人から「ポリアモリーについて知りたいのですが、オススメの本などはありませんか？」というご質問をいただいたときに、わたしが必ずご紹介している1冊です。

ポリアモリーは「ご都合主義」にならない？

良心をもたない当事者について

以前出演したネットテレビ番組に対して、たくさんの反響がありました。今回は、そのうちのひとつの意見について、わたしなりの考えを書いてみたいと思います。

ネットでの記事をきっかけにポリアモリーを知ったというMさんは、「気持ち悪い」と感じたと言います。

「一部の人たちの都合によって社会全体が歪められようとしている」「自由、平等を語っておいて、現状をかんがみるにその実、かなりのご都合主義ではないか」と一抹の危機感をつのらせるMさん。

Mさんは、「ポリアモリーは『良心』だけによるもっとも危険な関係」だと指摘します。つまり、ポリアモリーな関係の構築に考えられ得る「良心」を欠いた人が入り込めば容易に崩壊するため危険だということです。

たとえば、佐藤さんと鈴木さんと高橋さんがいたとしましょう。

佐藤さんと鈴木さんは恋人関係にあります。ある日、佐藤さんは高橋さんに出会い、高橋さんのことも好きになったとします。佐藤さんに良心があれば、鈴木さんには「鈴木さんのことは好きだけれど、高橋さんのことも好きになった。自分は鈴木さんと高橋さんと両方付き合いたいと思っている」と話し、高橋さんに対しても「自分は鈴木さんと付き合っているけれど、あなたのことも好き」と伝え、お互いにきちんと話をして関係を築いていくことができます。

それがもし、佐藤さんに良心がなかった場合、どうなるでしょうか。佐藤さんは鈴木さんに隠れて高橋さんと付き合い、高橋さんに対しても、鈴木さんと付き合っていることを伝えないままでいるでしょう（いわゆる「二股」です）。

佐藤さんに良心がないことで、いずれ、佐藤さんと鈴木さん、佐藤さんと高橋さんの関係は簡単に崩れてしまう、だからポリアモリーは危険だというわけです。

そして、この「良心」の問題は「男女平等」という不確かな大原則に則っているが、この「男女平等」「相互に権力関係がない」という状態がいまの社会で完全に実現されているとは思えないとMさんは言います。

どういうことかというと、たとえば「二股はするべきではない」といった良心は、男女ともにもってしかるべきものであるのに、いまの日本社会では、「男性が浮気をしたり、二股かけるのはしかたがないこと」という風潮があるのが現状です（「浮気は男の甲斐性」といった言葉もありますよね）。一方で女性が二股をかけると激しくバッシングされます。つまり、いまの社会では、男性のほうが女性に比べて、二股をかけやすい（バレても失うものが少ない）状況にあるというわけです。Mさんは、このような男女平等でない社会でのポリアモリーは、男性にとって都合がいいものであり、それによって傷つく女性が増えるのではと考えているわけです。

ようするにMさんは、ポリアモリーについて考えられ得る先の危機として、男女平等や個人間の権力関係の消滅が実現できているといえない社会で、「良心」にだけよって複数の異性と性愛関係をもつのは危険だ、「ポリアモリー」という言葉だけに踊らされて、それが規定する相手に対する「良心」を欠いた人が相手を傷つけることをやりかねないと警鐘を鳴らします。

ポリアモリーはモノガミーと等しい重さの選択肢

では、ここからはわたしなりの考えをお伝えしていきましょう。

「良心」による関係が容易に崩壊する危険性をもつものであるということは、まぎれもない事実だと思います。ただ、良心のない関係はそもそも、継続されるべきではないのではないでしょうか。良心を欠いた人が関係者に入り込んでいるのに、あるいは関係者から良心が欠けてしまったのに、それでも良心のないまま継続される関係性は、それこそ危険な関係ではないかと思います。

つまり、先の佐藤さんと鈴木さんと高橋さんの例でいえば、佐藤さんがそれぞれに内緒で鈴木さんと高橋さんと付き合っているということが発覚した時点で、その関係は継続されるべきではないということです。

そしてこれはポリアモリーという関係性それ自体の問題ではなく、そもそも相手に自分の価値感を押しつけて「良心のない関係を築く」ということが問題なのです。良心のみを根拠として関係を構築することが「気持ち悪い」ならば、わたしたちは他の何を根拠として関係を構築するべきなのでしょうか。法律でしょうか。文化規範でしょうか。

むしろ、良心以外のものを根拠として構築された関係は、そこから良心が抜け落ちたとき、非常に悲惨なものになるとわたしは思います。形骸化した「仮面夫婦」「名ばかり家族」こそ、悲劇を生み出しかねません。

現代社会がまだ十分に成熟しておらず、男女平等が成立していないから、ポリアモリーの実践が難しいという理屈はわかります。しかし、それはポリアモリーそれ自体の問題ではなく現代社会の問題のはずです。

これは「親がポリアモリーだと子どもがいじめられるから、ポリアモリーはやめたほうがいい」という議論とまったく同じで、問題はいじめる側にあるのです。

現代社会においてポリアモリーを実践することは確かに非常に難しいのですが、それはポリアモリーをするべきではないという理由にはなりません（もちろん、「現代社会では難しいから自分はポリアモリーの実践はやめておこう」と考える人がいても、それは個人の自由です。ただ、その考え方を他人に押し付ける理由はまったくないということです）。

さらにMさんは、「ポリアモリー」を盾にして不当な関係を築かれる場合にも言及します。つまり、どちらかが経済的に他方に依存していたなら、経済的に依存している方はイヤでも相手のポリアモリー的な思考を認めざるを得ない場合も出てくるかもしれないというのです。

これはまったくそのとおりで、経済的、精神的、社会的に対等でない関係者のあいだでポリアモリーを実践したとして、「イヤなことをイヤだと言えない」状況が誰かに発生している限り、その関係が健全に維持されることは難しいでしょう（関係者間に上下関係があることと自体が不健全だといっているのではありません。そのことによって抑圧や不満が発生し続けることが不健全だと思うのです）。

もしこのまま社会が「複数の異性と関係をもち続け、それが全面的に肯定される方向」に流れ続けるのであれば、わたしは今後いっさいセックスしなくてもいいとまで言い切るMさん。もちろんそれは個人の自由です。大切なのは、「複数の異性（もちろん同性でもいいのですが）と関係をもつことと、ひとりの異性と関係をもつことが、等しい重さの選択肢として存在している」という状況なのです。「選択式」夫婦別姓制度と同じで、「そうしたい人は、そうしていい。そうしたくない人は、そうしなくていい」という選択肢が等しく提示された状態であること。

ポリアモリーを選択することも、モノガミーを選択することも、等しい選択肢として提示されていること。決して、どちらかを選ばなければならないような有言無言の圧力がかからないこと。これが大切だと思います。

今回は、ポリアモリーについての意見のひとつについて、考えてみました。

ポリアモリーについて5年以上いろいろな発信をしてきていますが、5年前と比べると、否定するにせよ肯定するにせよ、議論が成熟してきたな……と感じます。

ポリアモリーについてさまざまな批判を見聞きするなかで、気づいたことがあります。「ポリアモリーを批判しているようでいながら、じつはポリアモリーもモノガミーも関係なく当てはまる内容になっている」というものが多いのです。

結論としていえるのは、ポリアモリーが正しいとか、モノガミーが間違っているとかいうことではなく、どんな関係性でも「パートナーや子どもなど、関係者を傷つけるパートナーシップのあり方は健全でない。傷つかないためには、合意を目指してコミュニケーションをとることが重要」ということにつきるのではないかと思います。

ポリアモリーはモノガミーと付き合ってはいけない？

すみわける必要ってある？

ポリアモリーとモノガミーはお付き合いをするべきではない、すみわけたほうがよいという意見はポリアモリー当事者からもモノガミー当事者からもときおり聞かれます。

なぜならポリアモリーとモノガミーとは利害が対立するから、ポリアモリーとモノガミーがお付き合いするとお互いに傷つき苦しむことになるから……という考えがその背後にはあるようです。しかし、本当にそうなのでしょうか。

まず、複数の人を同時に好きになる性質の人とひとりだけを好きになる性質の人は相容れない性質だとわたしは考えていません。二項対立というよりもむしろ、グラデーションと幅をもったスペクトラムや、あるいは時期によって変化する性質としてとらえたほうがわかりやすいのではと思っています。

複数の人を好きになる性質の時期とひとりだけを好きになる性質の時期が入れ替わる人もいるし、あるいは複数の人を好きになる性質であっても嫉妬心や独占欲があるのかないのか、同時に好きになる人数が2人なのか10人か、そういう性質の違いが、ポリアモリーを実践するにあたってどのようなライフスタイルを選ぶのかにもかかわってきます。

ポリアモリー当事者であっても、ポリアモリー当事者としかお付き合いできない人、モノガミー当事者ともお付き合いできる人がいるように、モノガミー当事者にも、ポリアモリー当事者とお付き合いできる人はいます。一方、ポリアモリー同士であっても、モノガミー同士であっても、相手の恋愛スタイルを受け入れられず自分のスタイルを押し付けようとしてしまえば、そこには「利害の対立」が生まれます。

つまり、「(すべての)ポリアモリー／モノガミーは利害が対立する」とひとくくりにする話ではなく、「ポリアモリーとモノガミーのなかには、利害が対立する人もしない人もいる」と個別に語られる問題ではないでしょうか。

そのうえで、電車の女性専用車両に乗るか乗らないかが女性各個人の自由であるのと同じように、ポリアモリー同士・モノガミー同士で集まりたい人たちには安心して集まれる場があり、その場に居るかどうかは、他人から強制されることなく本人の自由で決めてよい。このような状況を必要とする人たちは必ずいると思いますし、その人たちのためにこのような「すみわけ」がなされた場があることは大切だと思います。

逆に、ポリアモリーであれモノガミーであれ、非当事者から無理やり当事者だけのコミュニティに押し込められるような状況は、難病患者の強制的な隔離や、人種隔離と同じものになってしまうでしょう。

何がポリアモリーで、何がポリアモリーではないの?

このような状況を考える前提として、もちろん、何がポリアモリーか、何がポリアモリーではないかという議論は重要だと考えています。

どんなに真剣な情熱がそこにあったとしても、「複数の人を好きになったらすなわちポリアモリー」そして「ポリアモリーと名乗れば何をしてもいい」というわけではありません。それでは、ポリアモリーと浮気の区別ができなくなってしまいます。

「複数の人を同時に好きになる」という性質をもっているだけでは、ポリアモリーとは呼べないと思います。

「複数の人を同時に好きになる」性質の表現として、ポリアモリーというライフスタイルをとる人もいれば、浮気というライフスタイルをとる人もいるという違いは、明確にしておく必要があると考えています。

ポリアモリーについては、「すべての関係者の合意のうえで、複数の恋愛関係を営むこと」という最小限の定義があればよいのではないでしょうか。この定義があれば、ポリアモリーと浮気を区別することは可能です。

ＬＧＢＴの議論とポリアモリーの議論には共通点も多いのですが、ここは明らかに両者が異なっているポイントで、ＬＧＢＴは「どのような性質をもっているか」が定義の要であるのに対し、ポリアモリーについては「どのような実践をしているか」が定義の要だとわたしは理解しています。

そして、ポリアモリー当事者自身による当事者限定コミュニティをつくる際に大切だと思う点があります。

たとえ同じポリアモリー当事者という自認をもった者同士であっても、最終的には「自分は自分、他人は他人」であって、自分と完全に同じ価値観やライフスタイルの他人は存在しないということです。

血をわけた親子であっても、長年連れ添った夫婦であっても、別個の人格をもった「他人」同士であることに変わりはありません。「自分とまったく同じ誰か」を探すために当事者のコミュニティをつくるのであれば、それは存在しない青い鳥を探し続ける終わりのない旅になってしまいます。その青い鳥が見つからないことで、もしも自分と違う他人を責めて自分と同じにしようとしたり、他人と同じでない自分を許せなくなってしまえば、本末転倒な生きづらさを感じてしまうかもしれません。

そのようなある種の「身内争い」は、ＬＧＢＴの世界のなかでもときおり見られるものです。

「真のレズビアンとは」を言い争ったり、「トランスジェンダーならばかくあるべき」といったような論争は、性の多様性とは逆の方向に向かうものではないかと思います。

どのような性自認、性指向、性嗜好であっても、好きになる人数がひとりであっても2人であっても、他人を自分の都合で傷つけるのでない限り、定義にとらわれず各人にとって心地よいあり方でいることが重要といえるのではないでしょうか。

別れが訪れる理由

「わたしのことも大切にして」のひとこと

突然ですが、「わたし、恋人がひとりしかいません」になります。

……というのはつまらない冗談ですが、今回は恋人のひとり・Fちゃんとわたしが別れた話をしたいと思います。

きっかけは、Fちゃんとわたしとの共通の友人でした。

あるとき、わたしはその友人と言い争いになり、きつい言葉を投げかけられました。

ショックを受けたわたしは、Fちゃんに「あの人からこんなこと言われて、すごくつらい……」と愚痴をこぼしたのです。わたしにしてみれば、恋人に対するささやかな甘えのつもりで、Fちゃんになぐさめてほしいという気持ちがありました。

ところが、Fちゃんからの反応はわたしの想定とはまったく違うものでした。「きのコさんがわたしの友だちを悪く言うと、わたしもその人のことを嫌いになってしまう」「だから聞きたくない。甘えるな」と冷たく激しい言葉が返ってきたのです。友人とのいざこざで落ち込んでいたわたしにとって、Fちゃんの言葉は追い討ちをかけるものでした。そうは言うものの、Fちゃん自身はわたしの好きな人たちについてたびたび愚痴を言うのです。わたしはもちろん好きな人たちのことを悪く言われてうれしくはないのですが、Fちゃんの不満に向き合うことのほうが恋人としては大切だと考え、「それはつらかったね」と受け止めるように努めてきました。

しかし、逆にわたしがつらい思いをしたときにFちゃんにこのような反応を返されたことで、わたしのなかに「わたしはこれまでFちゃんをこんなに甘やかしてきたのに、Fちゃんはわたしがつらいときに甘えさせてくれない……。つらいときに支え合えない『恋人』って何？？」という不満が生まれ、それをFちゃんに伝えられないままに積み重なっていきました。

そんな気持ちがわたしのなかでわだかまっていたころ、Fちゃんに別の恋人ができました。

いままでもFちゃんに恋人ができたり別れたりという状況は傍でよく目にしてきたし、それを気にもとめなかったわたしでしたが、なぜか今回は違っていました。Fちゃんが新しい恋人ののろけを口にするたびに、無性に寂しくなって、嫉妬心がわき起こるのです。「わたしのことも大切にして」というひとことが言えないまま、寂しさはつのるばかりでした。

「終わりにしよう」と思ったのは、Fちゃんと旅行に出かけたときでした。

旅のあいだも、Fちゃんは新しい恋人の話ばかり。「もう、わたしのことなんてどうでもいいんだな……」とわたしは完全に打ちのめされました。

そして旅行からの帰り道、わたしはFちゃんに別れを告げ、恋人関係を解消したのです。

Fちゃんと別れてから、わたしは自分の気持ちの揺れ動きをあらためて反芻しました。

わたしにとって恋人とは?

わたしにとって「Fちゃん」ってどういう存在なんだろう……?

「恋人だからって、わたしをネガティブな感情のゴミ箱にしないで」……。Fちゃんが言いたかったのはそういうことなのだと思います。

しかし、わたし自身のなかには「恋人には、悲しくなった話や、腹が立った話も聞いてほしい。逆に悲しいときや腹が立ったときにはその話を聞かせてほしい」、そして「わたしはFちゃんの愚痴を聞いてあげてるんだから、Fちゃんにも愚痴を聞いてほしい」という気持ちがあったことに気づきました。

そして、嫉妬心のこと。

思えばFちゃんに別の恋人ができたとき、わたしが感じたのは「疎外感からの嫉妬」だったのだと思います。Fちゃんがその人ばかり大切にして、わたしのことはどうでもよくなってしまったみたいで、寂しかった。そして、その寂しさをきちんと言葉にして伝えられていなかったと思います。

はっきり伝えることで、「そんなの無理。そんなこと言うなら別れる」と、Fちゃんに捨てられるのが怖かったのです。Fちゃんはまったくわたしに歩み寄ってくれないのではないか、また冷たくあしらわれるのではないかと思うと、Fちゃんにわたしの不満や嫉妬を打ち明けることができませんでした。

わたしは結局、Fちゃんとお互いつらいときに支え合いたかったのかなと思います。「いつもカッコいいきのコさん」ではなく、ときには甘えたり、愚痴や弱音も受け止めてほしかった。

わたしとはまた違う行動力にあふれ、「こういうことやろうよ!」「あのイベント行かない?」などと、楽しいことをたくさん思いつくFちゃん。わたしは「なんかわくわくするような面白いことを一緒にやる」という関係が最高に楽しかったのに、恋人になったことで、かえって「恋人だからこうしてあげなきゃ」「恋人だからこうしてほしい」という固定観念にとらわれ、しかもそれをきちんとFちゃんに伝えられないまま、我慢したり寂しくなってしまっていたような気がします。

「相手からの拒絶やパートナーシップの破綻が怖くて、パートナーに自分の気持ちを伝えられず、おさえ込んでつらくなってしまう」

ポリアモリーを実践するうえで、これがもっともうまくいかないメンタリティ。しかし、わたし自身もまだまだ「恋人ってこういうもの」という既成概念や、「恋人に捨てられたくない」という気持ちに振り回されてしまうことがあるんだなということを痛いくらいに実感させられた経験でした。

ポリアモリー当事者は子どもたちにどう伝えるの？

不倫ではなくポリアモリーを実践したい夫婦

不倫ではなくポリアモリーを実践したい、しかしなかなか家族の合意が得られず悩んでいる。いったいどうすればいいのだろうか……という話が出ます。

子どもにどのようにポリアモリーのことを伝えるかということは、子どもにどのように性教育をおこなうかということと話が似ていると思います。

わたし自身は小学生のころに、性愛のことやLGBTのことについてわかりやすく書かれた本（橋本治『ぼくらのSEX』（集英社刊）、伊藤悟『男2人暮らし　ぼくのゲイ・プライド宣言』（太郎次郎社刊）を母から買い与えられ、多様な性や愛のあり方について知る機会をもちました。そのせいか、中学生になってから自分がセックスに興味をもったり、同性のクラスメイトを好きになったりしたときに、自らの心や体の変化を「あぁ、これってあの本に書いてあったことかも……」と、あまり戸惑わず受け止めることができていたような気がします。

性愛のことにせよ、ポリアモリーのことにせよ、早いうちに（メディアや友だち経由でかたよった情報を身につける前に）親が子どもにしっかりと向き合って伝えるという姿勢は大切だと思います。

自らの居場所を自らで狭めない考え方

学校や会社など、成長して家族以外のコミュニティにも属するようになるにつれ、子どもは世間の雑多な情報を浴びて「恋愛ってこういうもの」「セックスってこういうもの」という既成概念を刷り込まれていきやすいものです。その前に、親が一個人として「わたしはこのようなライフスタイルで生きているし、世間にはわたしとは違うライフスタイルで生きている人もいる。そのどちらが正しい・間違っているということではなく、コミュニケーションをとって他人と自分との違いを知ることが大事だよ」と伝えておきたいと思います。

それに、親が子どもにカミングアウトすることで、子どもも親にカミングアウトしやすくなることってあるのではないでしょうか。

親がポリアモリーの場合もあるし、子どもがポリアモリーの場合もある。もちろん、ポリアモリーだけでなく、LGBTだったり難病を患ったり借金を抱えたり、どんな人間も人生のなかで、いろいろな出来事にぶつかったり、世間と違う自分に困惑したりするものです。

子どもが悩みをもったとき、近くにいる親にそれを打ち明けられないのは、子どもにとってはつらいことです。親が自らの悩みや迷いを子どもに打ち明けていれば、子ども自身が将来迷ったり悩んだりしたときにも親に相談しやすくなるかもしれないと思います。

親であり子である前に、わたしたちは皆、完璧でないひとりの人間なのです。「理想の親」「理想の子ども」を目指すあまりに家族に対して自分を偽ることは、自らの居場所を自らで狭めるようなもの。大切なのは、どんな内容であれ、それを話題にしやすい関係性を家族のなかに築いていくことだと考えています。

不倫とポリアモリー

不倫というスタイル

わたしのまわりでも、不倫をしている人は増えています。特に多いのが、「独身の30代女性と既婚の男性」というパターン（ちなみに、わたし自身もいちおう「独身の30代女性」ではあります）。

わたし個人は、既婚者とポリアモリーもしくはオープンマリッジというかたちのお付き合いをしたことはまだありません。ただ、年齢的にまわりに結婚している人も多いし、もし今後、既婚者と恋に落ちてしまったら……？　と考えてみることはよくあります。

既婚者に限らず、パートナーがいる人を好きになってしまうといつも悩みます。わたしが最近好きになった人にも彼女がいて、わたしとしては彼女の合意を得て彼にポリアモリーな関係を構築してほしいとは思っているのですが、それを強要することももちろんできないし、難しいところです。

「オープンマリッジ」とは配偶者の合意のもとに、婚外に性愛関係をもつ婚姻関係のこと。婚姻関係にないカップルの場合は、「オープンリレーションシップ」と呼ばれます。

一方、わたしがポリアモリーであることをオープンにしているせいかどうかはわかりませんが、結婚している人からお付き合いをもちかけられることも、たまにあります。

もちろん、配偶者にも合意を得たうえでの交際なら異論はないのですが、こそこそと不倫相手にされるのはやっぱりイヤです。「わたしの存在やわたしとの関係が関係者に対して隠されている」ということに、自分が否定されているような寂しさを覚えるからです。

それに、自分が大切に想う人が「パートナーにウソをついたり秘密をもったりするような人である」ということも、わたしの信頼感を徐々にそこなってしまいます。

やはりわたしには難しい

もしわたしを不倫相手にしてしまう人がいたとして、それが必ずしも悪気あってのことではないにしても、不倫というライフスタイルをいまのわたし個人は受け入れることができません。その人がどんなに深くわたしのことを愛していても、それが「不倫」というかたちで表現される以上、愛し方の価値観が合わないとしか言いようがないのです。わたしを不倫相手としてしか扱えない（すなわち、配偶者にウソや秘密をもつことしかできない）人と長期的に性愛関係を結ぶことは、わたしには難しいと思っています。

わたしの周囲にも、不倫をしている人は星の数ほどいます。「誰もが」と言ってよいのでは？　と思うほど、パートナーシップ外での性愛関係をもっている人が多いのです（同じ不倫相手と継続的な関係を築いているか、「一夜限り」を繰り返しているかは、人によりますが）。

そして、不倫をしている人たちが必ずしも配偶者を愛していないのかというと、そうともいえません。セックスレスなのかと思いきや、夫婦のあいだに継続的に夜の営みがあるという人もいるのです。

また、興味深いことに、彼ら彼女らが必ずしもポリアモリーな関係を望んでいるわけでもありません。不倫をしている人にポリアモリーの話をすることも多いのですが、「ポリアモリーより不倫のほうが楽（あるいは楽しい）」と言う人もときどきいます。

オープンにして合意を得ることより、ウソや秘密をもつことのほうが上手な人はままいるものですし、不倫していることについて苦しんでいない人に対して、わたし自身はポリアモリーを強要することはできません（「この人と恋愛したくないな」とは思いますが……）。

もし、不倫しているのがつらくてポリアモリーな関係を望む人がいたとしても、不倫の状態からポリアモリーに移行するのはなかなか難しいことだと思っています。不倫の期間が長引けば長引くほど、ポリアモリーに移行するハードルが上がる（カミングアウトしたときに配偶者の合意がとりづらくなる）し、不倫そのものもバレるリスクが上がって続けることが難しくなっていくのではないでしょうか。

不倫とポリアモリーとの違いについては、よくご質問をいただきます。ワンナイトだったり遊びとしての不倫はさておき、根底に「複数の人を同時に好きになる」という性質があるとして考えると、その性質がポリアモリーというかたちに落とし込まれるか、不倫というかたちに落とし込まれるかという「ライフスタイルの違い」がそこにあるのだと思います。

どちらのライフスタイルにも難しさがあり、それぞれに他人を傷つけたり自分が傷ついたりするリスクのある生き方。わたしは必ずしも「不倫をしている人は誰しもポリアモリーへ移行するべき」と主張するものではありませんが、これらがまったく違う人間関係のあり方だということは、広く知られてほしいと思っています。

「好き」と「付き合いたい」は同じなの？

付き合うかどうかは別問題

Iさんと最初に知り合ったのは、SNSを介してでした。

お互いにサバイバルゲーム（サバゲっていいます）が大好きな彼とわたし。お気に入りの銃の話や、最近行ったサバゲフィールドの話で和気あいあいと盛り上がるのはもちろんですが、わたしがSNSで書くポリアモリーや恋愛・性の話題にも、彼は好意的で真面目な反応をしてくれていました。

ポリアモリーであることをオープンにしているとはいえ、まったく無関係なサバイバルゲームという話題でわたしとつながった人もいる公開のSNSでこの話をしていると、ときおり「こんなことをあけすけに語って、気持ち悪がられていないかな……」などと、心の片隅でちょっぴり不安になったりもするもの。そういうなかでサバゲつながりにもかかわらず、ポリアモリーとしてのわたしの発言にもいい意味で興味をもってくれる彼に対して、わたしは「わたしのする性の話にも引いたりしないし、それでいて勘違いして馴れ馴れしく迫ってくることもないし、器が大きくて話しやすい方だなぁ」と感じていました。

そのうちIさんとわたしは、一緒にサバゲに出かけるようになりました。

彼とは、サバゲで走り回るのももちろんだけれど、おしゃべりするのもとにかく楽しいのです。サバゲの話、恋愛の話、仕事の話、音楽の話、どんな話をしていても面白くて、時間が経つのを忘れるくらいでした。

そんななかで彼にひかれていることを自覚したわたしは、ある日のサバゲの帰り道、思い切って「好きです」と告白したのです。彼は驚きながらも、「うれしいよ。これからもよろしくね」とよろこんでくれました。

数日後。Iさんとわたしは、あらためてデートの約束をしようとして、日程の調整をしていました。彼もわたしも仕事やプライベートがかなり多忙で、スケジュールを合わせるのは至難の業です。

そのときもどうにか空いている日にデートをねじ込んだのですが、タイミングの悪いことに、前日になって彼に仕事の予定が入ってしまいました。

社長から「非常に重要な会議だから、必ず出席してほしい」と言われた彼でしたが、なんと「その日は恋人と非常に重要なデートなので、欠席させてください！」と真正面から社長に頼んだと言うのです。

それを聞いたわたしは「えっ、わたしたちってもう付き合ってるの?! もしそうならすごくうれしいけど、本当にわたしと恋人同士になっちゃっていいの……?」と、喜びつつも戸惑ってしまいました。

それまで、わたしは「好きです」とは言ったものの、お付き合いするかどうかについてはまだ悩んでいました。わたしと恋人同士になるということは、相手をわたしの（けっこう波乱万丈な）人生に巻き込んでしまうことだと思っていたからです。

「友だち」や「恋人」という肩書きの区別にあまり重要性を感じていないわたしにとって、「好き」と「付き合いたい」は必ずしもイコールではありません。ただ、「恋人」という肩書きが世間的に大きな意味をもつものであることは理解しているつもりです。

だからこそ、その肩書きを誰かと共有することには、どちらかというと慎重になってしまうのです。

前向きになれなかった理由

デートのために会議を欠席してきてくれたIさんに、わたしはあらためて自分の不安な気持ちを伝えました。

「わたしと恋人同士になると、取材で『ポリアモリーと付き合うってどうなの？』とか、恋愛やセックスについて、根掘り葉掘りきかれるかもしれない。それに『あの人、ポリアモリーな彼女がいるんだって……』とウワサされるかも。わたし自身は他人から何をどう言われてもいいけど、わたしが愛する人たち、わたしを愛する人たちを世間の好奇の目にさらしたくない」

そんなわたしに、彼は笑って答えました。

「そういうことは、実際に取材が来たり、誰かに何か言われたりしたときに、どうすればいいか皆で一緒に考えればいいいよ」

わたしはハッとしました。それって、わたしがいつも他の人に言っていることだ……

ポリアモリーの（もちろんモノガミーだってそうですが）お付き合いに正解はない。いろいろな状況が起こり得るし、そのたびに関係者同士でオープンに話し合っていこうよと自分ではいつも語っているのに、そんな自分自身のなかにもまだ、「こうなったらきっと彼は迷惑するよね」という不安や思い込みがあったのかもしれません。

Iさんが「恋人同士になる」のがどういうことか彼なりに考えたうえで、わたしよりずっと前向きにこの恋人関係に飛び込んできてくれたことを、わたしはとてもうれしく心強く感じました。

新しい恋人をいまの恋人にどうやって紹介するの？

こんなわたしでもドキドキします。

わたしが運営のひとりとして開催している、ポリアモリーに興味がある人たちの交流会「ポリーラウンジ」の開催当日、わたしは朝からそわそわと落ち着きませんでした。

Iさんとのお付き合いを始めてまもなく、わたしは彼をポリーラウンジに誘うことにしたのです。その日の会には、Aさんも参加することになっていました。

複数の恋人とお付き合いするポリアモリーであるわたしにとって、新しい恋人ができたときにいちばんドキドキするイベントが、なんといってもこの「恋人同士の顔合わせ」なのです。モノガミーのお付き合いであれば、恋人を自分の両親に紹介するときのようなドキドキ感といったところでしょうか。

自分とかかわりが深い、いわゆる「身内」の人間同士の顔合わせ。お互いのことを気に入ってくれるだろうか、どんな話をすれば場がなごむかな、共通の話題はあるかしら……。ポリアモリーなお付き合いを始めて数年になりますが、何度経験しても、こればかりはなかなか慣れないものです。

じつは、Iさんをポリーラウンジに誘うことについては、若干の不安も感じていました。わたしというポリアモリー当事者とお付き合いすることになった彼に、ポリアモリーについてもっと知ってほしい。彼がポリアモリーについてどう考えているのかを知りたい。でも、わたし自身との恋人としての関係がまだ短いのに、ポリアモリーについてさまざまな意見が交わされるポリーラウンジという場に彼を連れてくるのは、時期尚早だったりしないだろうか。彼が混乱したり、わたしと付き合うことにプレッシャーを感じたりしないといいのだけれど……。

それに、一個人でありポリアモリー当事者のひとりであるわたしと、ポリーラウンジの運営のひとりであるわたしとでは、同じ「きのコ」という人間であっても、微妙にその顔は異なります。

恋人といるときのわたしは、プライベートなわたし。ポリーラウンジにいるときのわたしは、主催という立場もあって、どちらかというとパブリックなわたし。プライベートな関係である恋人に、パブリックな顔を見せることには、ちょっとくすぐったさもあるのです。

そんなこんなでわたしのなかには、いろんな緊張や不安がまぜこぜに渦巻いていました。

恋人2人が仲良くしてる幸せ

Iさんは少し早めの時間に、差し入れのクッキーの箱を抱えて来てくれました。彼がAさんとにこやかに挨拶をしている様子を見て、まずはちょっと安心。他の参加者のみなさんもぞくぞくと到着し、いつものようにポリーラウンジが始まりました。

ポリアモリー当事者の人も非当事者の人もわけへだてなく、皆にぎやかにトークを繰り広げます。「ポリアモリーは、地方より都会でのほうが実践しやすいのでは？」という意見にうなずいたり、「彼女がひとりいるけど、ポリアモリーを始めたい」というお悩み相談について皆で考えたり。

Aさんも I さんも、同じテーブルで熱心に皆と語り合っています。

正直、わたし自身はあまりにも緊張しすぎて、司会としてどうイベントを進行したかあんまりよく覚えていないのですが、それでもみなさんのあいだでそれからそれと話がつきることはなく、今回のポリーラウンジも盛況のうちに終わることができました。

ポリーラウンジのあと、居酒屋に場所を移しての懇親会もおおいに盛り上がり、やっと解散したころにはすっかり夜も遅い時間になっていました。

わたしとAさんが帰り支度をしていると、I さんが、「送るよ」と声をかけてくれたのです。ドライブ好きなわたしとAさんにとっては、願ってもない申し出でした。

走り出した車のなかで、彼らの共通の趣味である車の話に花が咲いているのを聞きながら、わたしは言いようのない安心感を覚えました。

複数の恋人がいたことは何度もあったけれど、その恋人たちのあいだにつながりができたことは、意外なことにいままでなかったのです。

以前の恋人Bさんも、もちろんAさんとわたしの恋人関係は知っていたものの、わたし抜きで彼らが親しく友情をはぐくむといったような距離感ではありませんでした。それを特に寂しいとか悲しいとか思っていたわけではなかったものの、「もっと皆でわいわい過ごせればいいな」という気持ちは、当時もわたしのなかにあったような気がします。

「自分の恋人たちが仲良くしているとうれしい」というのは、ポリアモリーならではのシチュエーションかもしれません。しかし、「自分の友人たちや親たちが仲良くしているとうれしい（逆に、仲が悪いと板ばさみになって苦しい）」というのは、ポリアモリーやモノガミーに関係なく、多くの人がもつ感覚なのではないかと思います。

夜の高速道路を車窓から眺めながら、「AさんとIさんが仲良くしてくれてよかった。もしかしたら、ポリアモリーとしていまがいちばん幸せかもしれない」と、わたしは胸のなかにあたたかいものを感じていました。

ポリアモリーは性病リスク高くない？

定期受診をしています。

「複数の人と性愛関係をもつ」というところから、誰とでもセックスをするようなイメージ、性的なリテラシーが低いイメージをもたれることがあります。

12月1日は、世界エイズデー。東京では、人々のＨＩＶやエイズへの関心を高めて感染拡大の抑止をはかる「ＴＯＫＹＯ　ＡＩＤＳ　ＷＥＥＫＳ」が開催されます。

ＨＩＶや性病と、不特定多数の人とのセックスとは、結び付けられて語られることが多いように感じます。

確かに、コンドームを使用しないなどのリスキーなセックスを不特定多数の相手と繰り返すことは、ＨＩＶや性病に感染する危険性を高めるものです。しかし、ポリアモリーは基本的に「特定多数」で関係を結ぶもの。お互い顔の見えるお付き合いをしていて、全員がセーファーセックスを心がけていれば、病気のリスクがモノガミーに比べてより高くなるということはないと考えています。

セーファーセックスとは、ＨＩＶや性病に感染するリスクの少ない「より安全なセックス」を指します。具体的には、コンドームなどの避妊具を適切に使用することや、ＨＩＶや性病の検査を定期的に受けることなどです。

しかし、多くの人にとってセックスをするのは当たり前のことなのに、セーファーセックスをするのは当たり前のことだとは受け止められていないようです。そのせいもあってか、近年、ＨＩＶ検査を受ける人が減っているといいます。

特定の相手であっても……

ＨＩＶや性病の検査が広がらない大きな理由は、「特定の相手としかセックスをしない自分が、性病にかかるはずがない」という考えがあること。

とはいえ、こうした「特定の相手」が病気をもっていないと本当に言いきれるのでしょうか。相手の昔のパートナーは？　そのパートナーの昔のパートナーは？　と遡って全員が「シロ」だという確証はありません。

どのような相手であれ、あなたが昨日セックスをした、先月セックスをした、1年前にセックスをしたというなら、HIVや性病に感染している可能性はゼロではないのです。

そして、実際に感染しているかどうかは、検査を受けない限りわかりません。自覚症状の出ない病気は数多くあります。

すなわち特定の相手としかセックスしないからといって、セーファーセックスをしなくてもいい理由にはならないのです。

わたし自身は、HIVや性病の検査を定期的に受けるように心がけています。複数の人とお付き合いをしているポリアモリーはもちろん、モノガミーであっても、今は誰ともお付き合いしていなくても、検査は万人に受けてほしいと思っています。

ユニット「叶姉妹」の叶美香さんが自身のブログで、叶恭子さんがポリアモリーであることをつづり、話題になりました。

いままで、芸能人がポリアモリーについて語ることはあっても、自らがポリアモリー当事者であると公表することはなかったと思うので、これはわたしにはとても印象的な出来事でした。

他にも、著名なカウンセラーの夫婦がポリアモリーな関係をもっていることをそれぞれのブログで公表し、テレビにも出演したり……。

このように、世間に知られている人々がポリアモリーをオープンにすることで、ポリアモリーという概念が広まってきているのではないかという気がします。

わたし自身は5年以上前から、ポリアモリーであることをネット上で発信しています。

なぜ、ポリアモリーであることをオープンにするのですか？　とよく問いかけられます。「別にオープンにする必要ないじゃん。当事者同士だけでうまくやってればいい」と言われることも……。

あるいは、「わたしもポリアモリーですが、まわりにオープンにしたほうがいいでしょうか？」ときかれたり、「あなたみたいに堂々とオープンにできない自分が恥ずかしい」と言われたりします。また近ごろ「世界を変えるためにはポリアモリー当事者が声を上げるべき」という意見を耳にすることもあります。

わたしがポリアモリーであることをオープンにしている理由は、突き詰めていえば、自分自身の生きやすさのためです。

オープンにしていることで、他のポリアモリー当事者や、非当事者であってもポリアモリーに興味がある人たちと、たくさんのつながりを得ることができています。

これはポリアモリーに限った話ではないのですが、「わたしはこんな人間です」というのをオープンにしていると、共感する人や同じような人が近づいてきやすくなるものです。もちろん、ときには心ない人がわざわざバッシングしに来ることもあるのですが、そういう人は意外と少なく、たいていの人はこちらに見えないところで陰口をたたく程度です。そして、そのような陰口は得てして、わたしを再起不能なまでに傷つけたりする力などもっていないものなのです。

ポリアモリーであることをオープンにしていてよかったとつくづく思うのは、「ポリアモリーという概念を知ったことで生きやすくなった、救われた」と言う人たちに出会ったときです。

わたし自身は「救ってあげよう」などと大上段にかまえて活動をしているわけではなく、気の合う友だちができたらいいな〜くらいの気持ちなのですが、自分自身、初めてポリーラウンジに参加（運営ではなく、いち参加者として）したときに感じた「自分だけじゃなかった」「救われた」という気持ちは、いまでもポリーラウンジを運営していくなによりのモチベーションになっています。

「声を上げないと、『存在しない』ことにされてしまう」という意味では、ポリアモリーも、LGBTやある種の障害・病気をもつ人も、立場は似たところがあると感じています。自ら発信しないと、黙っていてはわかってもらえないし、悪意なく傷つけられてしまうかもしれません。

とはいえ、ポリアモリーであることを第三者に公表することと隠すことには、それぞれメリットもデメリットもあると思います。わたしはそれらを天秤にかけたうえで、「わたし個人はポリアモリーをフルオープンにしてしまうのがいちばん、生きやすい!!」と思うからこそこのような発信を続けていますが、ポリアモリー当事者は誰もが世界に公表するべきだ！　などと主張するつもりはありません。

オープンにするのはあくまでも自らの意志と選択にもとづいておこなうこと。一度オープンにしてしまえば、「やっぱ、いまのなし!!」と帳消しにはできません。

ポリアモリーというライフスタイルの性質上、関係者（パートナーなど）にカミングアウトして合意を得ることは必要だとわたしは考えていますが、カップルの外（たとえば親兄弟、子ども、会社の人たち、近所の人たちなど）に対してどこまで公表するかは、各個人の自由だと思います。

アウティング、つまりポリアモリーであるということを他人が勝手に言いふらすことはもってのほかですが、公表やカミングアウトを強要することも、してはならないと思っています。

オープンにしたい人がオープンにしても、誹謗中傷にさらされない。オープンにしたくない人がオープンにしなくても、勝手に決めつけられたりプレッシャーを受けたりしない。ポリアモリーに限らず、セクシャリティであれ、宗教や人種や、障害や病気であれ、「オープンにしてもいいし、しなくてもいい」という社会が誰にとっても心地よいものになるのではないかと、わたしは考えています。

本書は、2016年からウェブサイト「cakes」で連載している「わたし、恋人がいます。」をまとめたものです。

連載時から株式会社ピースオブケイクの榎本紗智さんに大変お世話になりました。

また出版のきっかけをつくっていただいたライターの亀山早苗さん、WAVE出版編集部の小田明美さんにもお礼申し上げます。

著者プロフィール
きのコ
1983年福岡県生まれ。九州大学大学院人文科学府卒、メーカー勤務の会社員。2011年より、自分が複数の人を愛する「ポリアモリー」であることをカミングアウトしている。ポリアモリーに興味をもつ人の交流会「ポリーラウンジ」の主催者のひとり。

本書はウェブサイトcakes（ケイクス）に2016年6月から連載中の「わたし恋人が2人います。」を加筆・修正したものです。

わたし、恋人が2人います。
複数愛《ポリアモリー》という生き方

2018年5月16日　第1版第1刷発行

著者　きのコ
発行者　玉越直人
発行所　WAVE出版
〒102-0074　東京都千代田区九段南3-9-12
TEL 03-3261-3713　FAX 03-3261-3823
振替 00100-7-366376
E-mail: info@wave-publishers.co.jp
http://www.wave-publishers.co.jp
印刷・製本　中央精版印刷

NDC916 191p
ISBN978-4-86621-148-0